AF215366

Contents

1.1 My home

1 Choisissez la bonne définition (A à E) pour chaque type de logement (1 à 5). Écrivez la bonne lettre dans chaque case.

1	une maison jumelée	☐	**A**	une habitation qui respecte l'environnement
2	une ferme	☐	**B**	un logement qui n'en touche pas d'autres
3	une maison écologique	☐	**C**	c'est à la campagne
4	un appartement moderne	☐	**D**	un logement qui en touche un autre d'un côté seulement
5	une maison individuelle	☐	**E**	une habitation contemporaine sans jardin

2 Où trouve-t-on ces logements ? Complétez les expressions.

1 en vi_ _ _

2 dans un vil_ _ _ _

3 au cen_ _ _-v_ _ _ _

4 au b_ _ _ de la m_ _

5 à la cam_ _ _ _ _

6 à la mon_ _ _ _ _

3 Déchiffrez le code pour trouver les mots. Puis traduisez-les dans votre langue sur une feuille à part.

1 *! $?»&%* v&$@ ^+%?$ = *un rideau vert clair*

2 *! &s^%+?&$ b+&* = ...

3 *! o$d?!%t&*$ po$@%bl& g$?s = ...

4 *!& ^h%?s& $o*g& = ...

5 *!& po$@& $os& = ...

6 *!& m%^h?n& à +%v&$ b+%n^h&= ....

7 *! +%v&-v%?ss&++& g$?s = ...

8 *! fo*$ à m?^$o-o!»&s !o?$ = ...

4 Complétez les phrases avec la forme correcte des adjectifs entre parenthèses.

1 Nous habitons dans une .... maison .... (beau, traditionnel)

2 C'est un .... appartement près du centre .... (beau, sportif)

3 Là où j'habite, il y a des magasins, des cafés et même un .... cinéma. (petit)

4 Mon oncle est médecin et habite dans une .... maison .... (grand, individuel)

5 Complétez les phrases avec *le, la, l'* ou *les*. Puis traduisez-les dans votre langue sur une feuille à part.

1 .... maison de mes grands-parents se situe au bord de .... mer.

2 .... chambre de mon frère est assez petite.

3 J'adore .... français ; c'est ma matière préférée.

4 Les parents de Claire adorent .... Canada et vont acheter une maison là-bas.

5 Je veux vraiment visiter .... Australie.

6 Personnellement, je n'aime pas .... voisins.

6 Faites cet exercice sur une feuille à part. Réécrivez les phrases avec le présent du verbe entre parenthèses et en les complétant avec un mot de la liste. Vous pouvez utiliser chaque mot plusieurs fois.

dans	sous	à côté de	sur	devant	derrière	près	entre

1 J'adore mon nouveau jean mais il n'(être) pas .... l'armoire ; il (être) .... le lit.

2 Mes chiens (rester) .... la fenêtre où ils (regarder) passer les gens.

3 Ma sœur (utiliser) souvent mon ordinateur portable qui se (trouver) .... le bureau .... la lampe.

4 On (aller) au café qui se (situer) .... le musée .... du cinéma.

5 – Tu n'(avoir) pas tes clés ? Elles (être) .... la table ?

– Non, je (aller) regarder .... le tiroir.

6 Le fauteuil (être) .... le lit et le bureau.

7 Vous (faire) souvent vos devoirs .... votre chambre ?

8 Est-ce que vous (aller) dehors .... le balcon ?

7 Choisissez le bon verbe de la liste et mettez-le au présent.

adorer	passer	commencer	manger	détester	surfer	trouver	aimer

1 Je .... sur Internet pendant quatre heures tous les soirs. Tu .... aussi Internet ?

2 Selon mes parents, mon frère et moi .... trop de temps devant un écran.

3 À 18 h 30, mes parents .... à préparer le diner.

4 Elle .... sa chambre, mais elle .... son armoire qu'elle .... trop petite.

5 Vous .... à quelle heure, en général ?

8a Trouvez les adjectifs. Puis réécrivez-les à la forme féminine.

AFFREUX	CLAIR	INDUSTRIEL	MODERNE	PROPRE	TYPIQUE
ANCIEN	CONFORTABLE	JOLI	NOUVEAU	SUPER	VIEUX
CHARMANT	INDIVIDUEL	MOCHE	POPULAIRE	TRANQUILLE	

P	O	P	U	L	A	I	R	E	I	F	I	I
V	I	E	U	X	C	M	P	M	E	A	N	N
I	A	L	X	J	L	M	O	E	R	F	D	D
A	O	V	V	O	A	U	U	C	T	F	U	I
I	N	M	X	D	I	R	U	N	H	R	S	V
C	O	N	F	O	R	T	A	B	L	E	T	I
M	U	R	B	Y	D	M	L	E	J	U	R	D
R	V	I	T	N	R	S	U	O	O	X	I	U
I	E	T	R	A	N	Q	U	I	L	L	E	E
O	A	S	H	U	I	K	O	P	I	X	L	L
O	U	C	P	P	A	N	C	I	E	N	Y	O
B	P	O	Y	M	I	P	R	O	P	R	E	M
O	A	T	M	O	D	E	R	N	E	P	T	T

b Sur une feuille à part, écrivez les adjectifs à la forme masculine et féminine. Ajoutez d'autres adjectifs (*animé, jumelé, grand, petit, beau...*).

c Sur une feuille à part, faites des phrases en utilisant au moins six des adjectifs de l'exercice **a** pour dire où vous habitez. Attention à faire les accords nécessaires !

Exemple : J'habite dans une petite maison jumelée dans un quartier animé. Ma chambre est...

9a Complétez le texte en choisissant le bon mot chaque fois.

La chambre de Lamine

En face / Devant / Derrière de la porte, il y a **le / la / l' / les** fenêtre et, dans **le / la / l' / les** coin, à droite, se **trouve / trouvent** un placard. Il y a **un / une / des** petite table **bas / basse** au milieu de **le / la** pièce. Entre **le / la / l' / les** lit et la fenêtre, il y a **un / une / des** fauteuil **bleu / bleue**. Sur **le / la / l' / les** lit, on voit **un / une / des** coussins. À gauche en entrant, il y a **un / une / des** étagère. Lamine y met tous ses livres. De **le / la / l' / les** autre côté de **le / la / l' / les** chambre, dans **le / la / l' / les** coin, il y a **le / la / l' / les vieux / vieille** bureau de Lamine. Sur le bureau, il y a son ordinateur et **un / une / des joli / jolie** lampe. **En face / Sous / À côté** le bureau, il y a **un / une / des** chaise **blanc / blanche**. Entre le placard et le bureau, il y a un poster **sur / sous** le mur.

b Traduisez la version complète du texte dans votre langue.

....

....

....

....

....

....

....

....

....

....

....

c Sur une feuille à part, dessinez le plan de la chambre de Lamine.

1.2 My school

1 Anagrammes. Les jours de la semaine.

1 DUEJI ....   **5** DAMESI ....

2 DIRECREM ....   **6** MIDRA ....

3 CHIDEMAN ....   **7** DRIVEDEN ....

4 UNLID ....

2 Écrivez les sept jours de la semaine dans l'ordre chronologique.

....

....

3 Dans la case, écrivez *P* pour une opinion positive, *N* pour une opinion négative ou *P+N* pour une opinion qui est à la fois positive et négative.

1 J'aime bien le français. C'est facile. ☐

2 J'adore la musique mais je déteste mon prof. ☐

3 Je trouve que la technologie est passionnante. ☐

4 La physique-chimie, qu'est-ce que c'est ennuyeux ! ☐

5 Je ne comprends pas pourquoi on étudie l'espagnol. C'est nul. ☐

6 Faire du sport est super mais pas au collège. ☐

4 Reliez chaque endroit (A à I) à la définition (1 à 9) qui lui correspond.

1 C'est plein d'ordinateurs. ☐ **A** la cantine

2 C'est où on prend le repas de midi. ☐ **B** la cour

3 C'est où on nage. ☐ **C** la réception

4 C'est où on peut emprunter des livres. ☐ **D** la salle des professeurs

5 C'est où on va à la récréation. ☐ **E** la salle d'informatique

6 C'est où travaille la secrétaire du collège. ☐ **F** le laboratoire de langues

7 C'est où on fait du foot, par exemple. ☐ **G** le terrain de sport

8 Il est interdit aux élèves d'entrer dans cette salle. ☐ **H** la piscine

9 C'est où on pratique le français. ☐ **I** le CDI / la bibliothèque

5a Conjuguez les verbes au présent.

	trouver	**choisir**	**descendre**
je	*trouve*		
tu			
il / elle / on			*descend*
nous			
vous		*choisissez*	
ils / elles			

b Sur une feuille à part, écrivez des phrases en utilisant au moins six des verbes conjugués de l'exercice **a**.

Exemple : Je trouve ma prof de français très gentille ; beaucoup d'élèves choisissent cette matière.

6a Complétez chaque phrase avec un mot de la liste.

peuvent	**prenez**	**écrivent**	**peux**	**devez**
viennent	**prenons**	**part**	**dois**	**revient**
prend	**sais**	**sors**	**disent**	**pouvons**

Cambridge IGCSE™ French Grammar and Vocabulary Workbook

1 Mes amis .... souvent chez moi après le collège ; on .... un gouter et puis on s'amuse.

2 Nous .... aller au collège à pied parce qu'il se trouve tout près de chez nous.

3 Mon frère .... pour l'école très tôt le matin et il .... vers 17 h 00 et se repose.

4 Tu .... après l'école ? Moi, je ne .... pas sortir car je .... faire mes devoirs.

5 Mes parents nous .... toujours, à ma sœur et moi, « Vous .... vous lever plus tôt ! ».

6 Les élèves .... se servir d'ordinateurs portables, donc ils n'............... plus beaucoup dans les cahiers.

7 Vous .... un bon petit déjeuner ? Nous, nous .... seulement du jus d'orange.

8 Je .... que je me distrais bien pendant la récréation, mais après, je me remets vite au travail.

b Maintenant, soulignez les verbes pronominaux de l'exercice **a** puis traduisez-les dans votre langue.

Exemple : on s'amuse

c Reliez les débuts (1 à 6) et les fins (A à F) de phrase. Puis traduisez-les dans votre langue.

1	Mes amis et moi	☐	**A**	s'entendent bien.
2	Je ne me	☐	**B**	couches à quelle heure ?
3	En général, ils	☐	**C**	nous amusons super bien.
4	Ma prof de maths	☐	**D**	lève plus tard, vers neuf heures et demie.
5	Tu te	☐	**E**	dispute pas vraiment avec mes parents.
6	Le dimanche, on se	☐	**F**	s'appelle Mme Saint-Paul.

7 Écrivez les verbes à la bonne forme du présent. Puis, réécrivez les heures pour l'après-midi ou le soir.

Exemple : 1 me lève – dix-huit heures quinze

1 Je .... à six heures et quart. (se lever) ....

2 Nous .... la maison à huit heures moins vingt. (quitter) ....

3 La récréation .... lieu à onze heures moins le quart. (avoir) ....

4 Elles .... chez elles à quatre heures et demie. (rentrer) ....

5 À trois heures dix, on .... une heure de maths. Quelle horreur ! (avoir) ....

6 Tu .... à cinq heures moins cinq. (faire une pause) ....

7 Vous .... à onze heures dix. (se coucher) ....

8 Je .... en cours à dix heures moins vingt-cinq. (être) ....

8 Choisissez huit matières que vous étudiez et, sur une feuille à part, dites où exactement vous les étudiez.

Exemple : la musique : J'étudie la musique dans la salle de musique, au premier étage en face de l'escalier.

9 Mettez les mots dans le bon ordre pour faire des phrases.

1 En les France, onze élèves ans. ont sixième de

....

2 ans. quinze et Les seconde élèves de entre ont seize

....

3 le cours Les commencent matin. tôt

....

4 Les élèves qu'ils veulent. vêtements portent les

....

5 heures. pause déjeuner La deux dure

....

6 un surveillant élèves. des Quand absent professeur le s'occupe est

....

7 matin. récréation y le Il une a

....

10 Utilisez les mots 1 à 8 dans des phrases de votre choix.

Exemple : uniforme : Dans mon collège, nous ne portons pas d'uniforme.

1 équipé ....

2 atelier ....

3 sain ....

4 se défouler ....

5 pénible ....

6 examen ....

7 revenir ....

8 étudier ....

 Cambridge IGCSE™ French Grammar and Vocabulary Workbook

11a Trouvez les dix erreurs dans le texte. Corrigez-les.

Les jours d'école, je se réveille à sept heure et je me lèves cinq minutes plus tard. Je me lave, je m'habille, mais je ne prend pas de petit déjeuner car je n'ai pas le temps. Je me mets en route pour l'école à dix-neuf heures quinze. J'arrive au collège à huit heures. Les cours commence à huit heures et demie. En général, Milo, mon meilleure copain, arrive à huit heures vingt. La récréation, qui commence à dix heures, a lieu dans le cours. À une heure, c'est le déjeuner, et nous mangons dans la cantine. Les cours finient à dix-sept heures.

b Sur une feuille à part, adaptez le texte de l'exercice **a** pour vous.

1.3 My eating habits

1 Complétez les mots avec les bonnes lettres pour trouver des aliments.

   1 Mes parents adorent le c_ _ _y d_ p_ _s_ _ _.

   2 Je ne bois pas de c_ _ _ ; j'ai horreur de ça.

   3 Manger beaucoup de f_ _ _t_ et de l_ _ _m_ _ est très bon pour la santé.

   4 Mes amis boivent parfois des b_ _s_ _n_ s_c _ _ _ _.

   5 En France, il y a beaucoup de f_ _m_ _e_ différents.

   6 En dessert, je voudrais de la g_ _c_ au c_ _ _ _ _ _t.

2 Pour chaque repas, identifiez l'aliment malsain et remplacez-le par un aliment de votre choix qui est sain et essentiel pour un régime équilibré.

   1 du poulet, des carottes, une salade, une portion de fromage, une crème caramel ....

   2 des biscuits, des pâtes, du pain, des haricots verts, un yaourt ....

   3 de la dinde, du chou, des petits pois, un thé bien sucré, une poire ....

   4 une omelette, des pommes de terre, de l'eau minérale, une glace à la fraise ....

   5 du poisson, des frites, une salade de tomates, un citron pressé, une salade de fruits ....

3 Complétez les phrases avec une expression de la liste.

de fer	de s'hydrater	du calcium	des vitamines	d'énergie	des matières grasses

   1 Le lait nous apporte ....

   2 La viande rouge est une source ....

   3 L'huile d'olive nous donne ....

   4 Le raisin nous apporte ....

   5 Une tartine de beurre est une bonne source ....

   6 L'eau minérale est un bon moyen ....

4 Complétez les phrases avec *du*, *de la*, *de l'*, *des* ou *de*.

1 Moi, je voudrais prendre .... dessert.

2 Quand je suis en Bretagne, je mange toujours .... galettes.

3 En Afrique du Nord, on mange souvent .... couscous.

4 J'essaie de manger sain : .... fruits, ... légumes, ... œufs...

5 Vous voulez encore .... viande ?

6 Au lieu de manger .... chocolat au lait, choisissez .... chocolat noir.

7 Mon petit frère mange rarement .... salade. Il a horreur de ça.

8 Boire beaucoup .... boissons sucrées est mauvais pour la santé.

9 Il a peu .... temps, mais il va tout de même manger .... frites.

5a Complétez les phrases avec un adjectif de la liste. Faites attention aux accords !

bonnes	gouteux	saine
bons	indienne	sportifs
chinois	originale	sucrées

1 Les fruits sont aussi .... pour la santé que les légumes.

2 Je trouve les plats marocains plus .... que les plats mexicains.

3 Elles adorent la nourriture ...., qu'elles trouvent aussi .... que les plats ....

4 J'ai horreur de la malbouffe qui est beaucoup moins .... que d'autres types de cuisine.

5 Mes frères sont .... et mangent bien, contrairement à ma sœur qui boit trop

   de boissons ....

6 Les chips sont certainement moins .... pour la santé qu'une tartine.

b Traduisez les phrases de l'exercice **a** dans votre langue sur une feuille à part.

6 Pour chaque phrase, choisissez soit la bonne forme de l'adjectif soit le bon adjectif.

1 Certains aliments sont **meilleurs / meilleur / meilleures / meilleure** pour la santé que d'autres.

2 Les frites sont **pires / moins bons / plus mauvaise / meilleurs** pour la santé que le pain.

3 La cuisine de ma sœur est **pire / pires** que la cuisine de mon petit frère !

4 Le jus de pomme n'est pas aussi **bon / bonne / bons / bonnes** que le jus d'orange, à mon avis.

5 Les **meilleur / meilleure / meilleures / meilleurs** pizzas se trouvent en Italie.

6 Mes sœurs sont végétariennes et sont en **meilleur / meilleure / meilleures / meilleurs**
   santé que moi.

7 Complétez ces phrases avec des aliments de votre choix. Puis traduisez les phrases dans votre langue sur une feuille à part.

Exemple : Ma boisson préférée, c'est le jus de fruits.

1 Au petit déjeuner, je bois .... et je mange ....

2 Comme dessert, j'aime ....

3 Je n'aime pas manger ....

4 Je déteste boire ....

5 Mon plat préféré, c'est ....

6 .... sont bons pour la santé.

7 Mes légumes préférés sont ....

8 Je trouve que .... est mauvais pour la santé.

8a Dans la grille, trouvez 17 adjectifs qui décrivent la nourriture ou les boissons. Puis traduisez-les dans votre langue sur une feuille à part.

BON	EPICE	FRAIS	GRAS	MEILLEUR	SAIN
CHINOISE	EQUILIBRE	GAZEUSE	INDIENNE	ORIGINAL	SAVOUREUX
DELICIEUX	ETRANGERE	GOUTEUX	ITALIENNE	PIQUANT	

D	E	L	I	C	I	E	U	X	E	S	S
O	B	E	E	H	T	I	B	E	T	A	A
R	A	N	R	I	L	T	H	O	R	I	V
I	C	N	B	N	K	A	U	G	A	N	O
G	U	E	I	O	D	L	E	M	N	O	U
I	E	I	L	I	R	I	G	E	G	B	R
N	C	D	I	S	F	E	O	I	E	E	E
A	I	N	U	E	R	N	U	L	R	N	U
L	P	I	Q	U	A	N	T	L	E	M	X
R	E	D	E	T	I	E	E	E	G	Z	E
E	P	N	S	O	S	F	U	U	N	O	C
G	A	Z	E	U	S	E	X	R	O	N	I

b Sur une feuille à part, faites au moins six phrases en utilisant ces adjectifs. N'oubliez pas d'utiliser une variété de verbes réguliers et irréguliers au présent.

9 Écrivez six phrases pour comparer les aliments.

Exemple : les frites, les légumes = À mon avis, les frites sont plus gouteuses que les légumes mais moins saines.

1 la cuisine indienne, la cuisine française

....

2 le curry de poisson, le couscous

....

3 le ragout d'agneau, le poulet avec du riz

....

4 un yaourt, de la glace

....

5 des céréales, un croissant

....

6 du riz, des pâtes

....

10a Améliorez le texte en ajoutant d'autres détails : des adjectifs, des opinions, des adverbes de temps, de fréquence ou de lieu, par exemple.

Exemple : Je prends mon petit déjeuner à sept heures. Je mange des tartines avec de la confiture. – D'habitude, je prends mon petit déjeuner à sept heures dans la cuisine et, en général, je mange de délicieuses tartines avec de la confiture à la fraise. C'est vraiment bon.

Je prends mon petit déjeuner à sept heures. Je mange des tartines avec de la confiture. Je bois du jus d'orange ou un café. Pour le déjeuner, je prends de la salade ou des pâtes. En dessert, je mange des fruits. À dix-sept heures, je prends un gouter. Je mange une pomme ou des petits gâteaux. Le soir, je mange encore de la viande ou du poisson avec du riz ou des légumes. En dessert, je mange un yaourt, de la glace ou un fruit.

....

....

....

....

....

....

....

....

....

b Sur une feuille à part, adaptez le texte de l'exercice **a** pour vous.

1.4 My body and my health

1 Reliez chaque commentaire (A à H) à un problème (1 à 8).

1 J'ai la nausée. ☐

2 J'ai la grippe. ☐

3 J'ai froid. ☐

4 J'ai de la fièvre. ☐

5 J'ai sommeil. ☐

6 J'ai mal aux dents. ☐

7 J'ai mal aux pieds. ☐

8 J'ai mal aux yeux. ☐

A Tu dois aller voir le médecin.

B C'est vrai ; tu as une température de 39 degrés.

C Tu as envie de vomir ?

D Va te coucher.

E Prends rendez-vous chez le dentiste.

F Mets un pull.

G Mets tes lunettes.

H Change de chaussures.

2 Mettez les mots dans le bon ordre pour faire des phrases.

1 mal Elle tête. à a la

....

2 estomac Tu l' mal à as ?

....

3 de J' la ai fièvre.

....

4 vomir. envie a Il de

....

5 ont gorge. mal Ils la à

....

6 devez lit. Vous au rester

....

7 à mal a oreille. l' Il

....

8 dos. au mal a Elle

....

3 Cochez (✓) les quatre bons conseils pour rester en forme.

1 Fais beaucoup de sport. ☐

2 Fais le trajet de chez toi au collège en bus. ☐

3 Prends l'ascenseur plutôt que l'escalier. ☐

4 Mange sain et équilibré. ☐

5 Mange des sucreries. Ça donne de l'énergie. ☐

6 Fais régulièrement de la marche. ☐

7 Va en ville en voiture. C'est plus rapide. ☐

8 Inscris-toi à un club de natation. ☐

4 Complétez les phrases au présent avec la bonne forme du verbe entre parenthèses.

1 Je ne .... pas de sport cet après-midi ; j'.............. mal à l'estomac. (faire, avoir)

2 Les filles .... toutes les deux de la fièvre. Elles .... certainement malades. (avoir, être)

3 Tu .... mal aux pieds. C'est parce que tu .... partout à pied. (avoir, aller)

4 Nous .... tous sommeil parce que nous ne .... pas assez. (avoir, dormir)

5 Il .... mal à la gorge et il .... enrhumé. Il .... aller au lit. (avoir, être, devoir)

6 Vous .... mal au dos ? Vous .... vous reposer. (avoir, devoir)

5 Reliez les débuts (1 à 8) et les fins de phrases (A à H). Puis, sur une feuille à part, traduisez les phrases dans votre langue.

1 Je vais toujours ☐   **A** au ventre depuis trois jours. Je vais appeler le médecin.

2 Oh là là, j'ai mal à ☐   **B** bras après un match de tennis.

3 Ma fille a mal ☐   **C** tête ? Prenez ces comprimés et reposez-vous !

4 Vous avez mal à la ☐   **D** au centre sportif pour faire du sport.

5 Il a mal aux ☐   **E** à l'estomac ? C'est parce qu'elles mangent trop de sucreries !

6 J'ai souvent mal au ☐   **F** mal aux pieds après la randonnée.

7 Pourquoi ont-elles toujours mal ☐   **G** la jambe depuis deux jours ; je ne vais pas faire de jogging aujourd'hui.

8 Nous avons tous ☐

H dents depuis une semaine donc il va aller chez le dentiste.

6 Mettez les phrases à la forme négative.

1 Le weekend, mes amis et moi jouons au foot au parc.

....

2 C'est sûrement bon pour la santé.

....

3 Ils font beaucoup de sport et mangent des fruits et des légumes.

....

4 À mon avis, le sport est très important.

....

5 Mes copains sont paresseux. Ils passent trop de temps devant l'ordi.

....

6 Tu es plus sportive que ta sœur.

....

7 Faire tous ses trajets en voiture est super.

....

8 Nous mangeons trop de petits gâteaux et nous sommes donc en mauvaise santé.

....

7 Trouvez les adverbes de fréquence dans les phrases (1 à 6). Puis réécrivez les phrases à la forme négative sur une feuille à part.

1 Je fais régulièrement de la marche pour rester en bonne forme.

2 Je mange souvent des fruits et des légumes, mais je mange aussi des sucreries de temps en temps.

3 Ma mère va au centre sportif une fois par semaine et, d'habitude, elle fait de la natation.

4 Mon oncle fait rarement du sport.

5 J'aime nager tous les jours car ça me détend.

6 Le weekend, je joue toujours au foot avec mes copains.

8 Améliorez chaque phrase en ajoutant un des quantificateurs de la liste.

beaucoup	trop	très	aussi	excessivement	assez	extrêmement

1 Il y a toujours .... d'élèves qui vont au collège en voiture.

2 Faire .... de sport peut être .... mauvais pour la santé.

3 Tu es .... sportif que tes amis ?

4 On peut manger des bonbons de temps en temps, mais en manger .... n'est pas .... bon pour la santé.

5 Je suis .... sportif et à mon avis, je mange .... équilibré.

6 Et vous, vous mangez .... de fruits et de légumes ?

9 Faites vos propres phrases en utilisant les adverbes de fréquence de l'exercice **7** et les quantificateurs de l'exercice **8**.

Exemple : Faire fréquemment trop de sport peut être mauvais pour la santé. Si l'on mange trop de sucreries tous les jours, on va être en très mauvaise santé.

....

....

....

....

....

....

....

....

....

....

10 Trouvez les dix erreurs de vocabulaire et de grammaire et corrigez-les.

1 Qu'est-ce que tu mange d'habitude ? – Je mange tous les jours des fruits et des legumes, mais de temps en temps, je prend des biscuits.

2 Quels sport fais-tu ? – Je fais régulièrement de la natation car c'est mauvais pour la santé.

3 Combien de fois par semaine fais-tu de l'exercice ? – Je joue à la tennis trois fois par semaine et je vais toujours au collège au pied.

4 Quelles autres activités peut-on faire pour rester en forme ? – On peut prendre l'ascenseur au lieu de l'escalier. Faire de la marche est aussi super pour rester en forme.

5 Comment est-ce que tu te reposes, en général ? – J'écoute souvent de la musique et j'aimes lire.

11 Écrivez une phrase de votre choix pour chacune de ces activités (1 à 8). Ajoutez une opinion à chaque phrase.

Exemple : le gymnase – Je vais au gymnase trois fois par semaine. J'adore la gymnastique.

1 l'exercice ....

....

2 le sport ....

....

....

3 la marche ....

....

4 le ménage ....

....

5 le régime alimentaire ....

....

6 prendre l'ascenseur ....

....

7 aller au collège ....

....

8 bouger ....

....

2.1 Self, family, pets, personal relationships

1 Complétez les phrases en choisissant les bons mots de la liste.

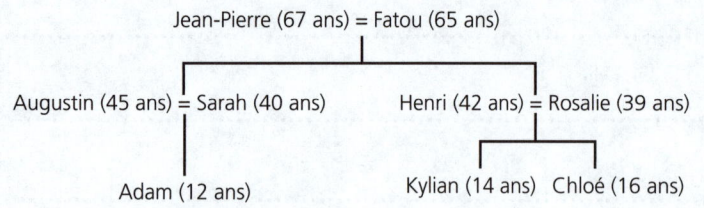

mère	**cousine**	**frère**
tante	**fille**	**petits-enfants**
grand-mère	**fils**	
père	**oncle**	

1 Jean-Pierre et Fatou ont trois .... : Adam, Kylian et Chloé.

2 Les deux .... de Jean-Pierre et Fatou s'appellent Augustin et Henri.

3 Sarah est la .... d'Adam.

4 Chloé est la .... de Rosalie.

5 Le .... d'Henri s'appelle Jean-Pierre.

6 Fatou est la .... de Kylian.

7 Chloé est la .... d'Adam.

8 Le .... de Chloé s'appelle Kylian.

9 Rosalie est la .... d'Adam.

10 Augustin est l'.............. de Chloé.

2 Regardez l'arbre généalogique de l'exercice **1**. Écrivez le nom de la personne, puis choisissez le bon âge.

Exemple : *Le fils d'Henri s'appelle Kylian. Il a quatorze ans.*

1 Le père d'Augustin s'appelle .... Il a **cinquante-six / soixante-sept** ans.

2 La cousine d'Adam s'appelle .... Elle a **six / seize** ans.

3 L'oncle de Kylian s'appelle .... Il a **quarante / quarante-cinq** ans.

4 La mère d'Adam s'appelle .... Elle a **quatre / quarante** ans.

5 La tante d'Adam s'appelle .... Elle a **vingt-neuf / trente-neuf** ans

6 La grand-mère de Chloé s'appelle .... Elle a **soixante-cinq / soixante-quinze** ans.

3a Lisez le texte puis complétez la grille.

Moi, je m'appelle Dounia. Ma meilleure copine s'appelle Manon. Elle a seize ans, comme moi, et elle est super gentille. Elle adore tous les animaux et elle a deux chats, trois chiens et cinq lapins ! Moi, j'ai un chien, c'est tout !

Elle est assez grande (moi aussi !). Elle a les yeux bleus et les cheveux châtains. Moi, j'ai les cheveux noirs et les yeux marron et je suis très sportive. Manon et moi, on s'entend vraiment très bien ! On aime jouer au tennis ensemble.

	Dounia	Manon
Âge		
Animaux		
Taille		
Couleur des cheveux		
Couleur des yeux		
Passetemps ensemble		

b Sur une feuille à part, traduisez le texte dans votre langue.

4a Complétez les phrases avec la bonne forme des verbes *s'entendre* ou *se disputer*.

1 Mes parents et moi, nous .... bien. On ne .... jamais.

2 Je ne .... pas bien avec ma grand-mère. Nous .... souvent.

3 Il .... bien avec ses copains. Ils .... rarement.

4 Tu .... bien avec tes parents ou est-ce que tu .... avec eux ?

5 Maria et toi, vous .... bien. Est-ce que parfois vous .... ?

b Sur une feuille à part, traduisez les phrases dans votre langue.

5 Mettez les adjectifs entre parenthèses à la forme féminine.

La **(1)** .... *(meilleur)* copine de ma sœur s'appelle Camille. Moi, je ne la trouve pas très **(2)** .... *(gentil)*. Elle est **(3)** .... *(jaloux)* et **(4)** .... *(paresseux)*, **(5)** .... *(pessimiste)*, **(6)** .... *(menteur)* et **(7)** .... *(bavard)*. Ma sœur, par contre, est **(8)** .... *(mignon)*, **(9)** .... *(généreux)*, **(10)** .... *(honnête)* et pas du tout **(11)** .... *(méchant)*. On ne se dispute jamais.

6 Complétez les phrases avec le bon adjectif possessif (*mon, ma, mes, ton, ta, tes*).

1 .... amie est vraiment sympa. On s'entend bien toutes les deux.

2 .... parents sont trop sévères, à mon avis. J'en ai marre !

3 Et toi, tu t'entends bien avec .... frères ?

4 .... meilleur ami est super. Nous nous entendons bien.

5 .... prof de français est gentille. Elle t'aide beaucoup.

6 Je préfère .... tante à .... oncle. C'est la sœur de ma mère et elle est plus sympa.

7 Complétez le texte avec le bon mot de la liste.

moi	mon	lui	elle	t'entends	toi
assez	se disputent	nos	eux	ma	comment

Dans ma famille, on est quatre. Il y a **(1)** .... père, **(2)** .... mère, mon petit frère et moi. Je n'ai pas de sœur.

Je m'entends **(3)** .... bien avec ma mère parce qu'elle est gentille, souriante et agréable. Je ne me dispute jamais avec **(4)** .... Avec mon père, c'est différent. **(5)** ...., il peut être désagréable et pénible. Par exemple, il n'aime pas les animaux, donc c'est **(6)** .... qui promène le chien tous les jours.

Mon frère, lui, s'entend bien avec **(7)** .... parents. Il est gentil et a des rapports positifs avec **(8)** .... Et **(9)** ...., **(10)** .... est ta famille ? Tu **(11)** .... bien avec elle ? Mon père et ma mère **(12)** .... souvent. Ma mère adore les tortues et les chevaux, mais mon père, non !

8 Reliez chaque question (1 à 8) à une réponse (A à H).

1 Est-ce que tu as un animal domestique ? ☐   **A** Il a seize ans maintenant.

2 Quel est ton animal préféré ? ☐   **B** Je m'entends bien avec tout le monde.

3 Tu as combien de frères et sœurs ? ☐   **C** J'adore les chiens.

4 Qu'est-ce que tu penses de ta famille ? ☐   **D** C'est Michael. On s'entend bien ensemble.

5 Qui est ton meilleur ami ? ☐   **E** Oui, j'ai un chat.

6 Quel âge a ton grand frère ? ☐   **F** J'ai un frère et deux sœurs.

7 Tu t'entends bien avec tes parents ? ☐   **G** Il s'appelle Juan.

8 Comment s'appelle ton meilleur ami ? ☐   **H** Oui, ils sont super sympas.

9 Mentionnez trois membres de votre famille (ou trois amis) et écrivez trois phrases pour chacun d'entre eux.

Exemple : J'ai un frère. Il s'appelle John. Il a dix-sept ans.

1 J'ai .... s'appelle .... a .... ans.

2 J'ai .... s'appelle .... a .... ans.

3 ....

10 Choisissez quatre personnes différentes. Écrivez deux phrases pour chacune et dites si vous vous entendez bien ou si vous vous disputez, et pourquoi.

Exemple : Je ne m'entends pas bien avec ma grand-mère. Elle est trop sévère.

....

....

....

....

....

....

11 Sur une feuille à part, écrivez la description d'une personne que vous connaissez bien. Utilisez le texte ci-dessous comme modèle. Mentionnez son nom, son âge, sa taille, la couleur de ses yeux et de ses cheveux, et les aspects positifs et négatifs de sa personnalité.

Moi, j'ai une copine qui s'appelle Louise. Elle a quinze ans. Elle est assez petite et elle a les yeux bleus et les cheveux noirs. Elle est très sympa, mais elle est aussi un peu paresseuse ! On s'entend bien et on se dispute rarement.

2.2 Life at home

1 Complétez les expressions en choisissant chaque fois le bon verbe de la liste.

jouer	écouter	lire	surfer
faire	rester	regarder	envoyer

1 .... la cuisine

2 .... de la guitare

3 .... des textos

4 .... un feuilleton

5 .... un roman

6 .... sur Internet

7 .... ma chanson préférée

8 .... au lit

2 Réécrivez les phrases 1 à 8 en commençant chaque fois avec la forme correcte du verbe *aimer* ou *préférer*.

....

....

....

....

....

....

....

....

3 Choisissez les bons mots de la liste et complétez les phrases 1 à 8.

sors	**fait**	**prépare**	**change**
range	**passe**	**mets**	**remplit**

1 Je .... la table.

2 Mon frère .... l'aspirateur.

3 Je .... ma chambre.

4 Ma sœur .... le lave-vaisselle.

5 Mon grand frère .... du jardinage.

6 Je .... la poubelle.

7 Ma mère .... les draps.

8 Mon père .... le repas.

4 Mettez les mots dans le bon ordre pour faire des phrases.

1 avec chatter amis J'adore mes. ....

2 Le fais matinée je la weekend grasse. ....

3 tous téléphone mes les à jours Je copains. ....

4 beaucoup piano Elle jouer aime du. ....

5 Le lis je journal dimanche le. ....

6 Nous des vidéo jouons à souvent jeux. ....

7 faire mère jardinage Ma adore du. ....

8 pour la détendre de musique me J'écoute. ....

5 Et vous, qu'est-ce que vous aimez faire pendant votre temps libre ? Dites ce que vous pensez des activités 1 à 8.

   1 Regarder un film en ligne : ....

   2 Jouer aux cartes : ....

   3 Faire du jardinage : ....

   4 Lire un roman : ....

   5 Jouer à des jeux vidéo : ....

   6 Chatter avec des amis : ....

   7 Nager : ....

   8 Faire la grasse matinée : ....

6 Donnez votre opinion sur ces cinq activités en utilisant le verbe *aimer* suivi d'un autre verbe à l'infinitif. Puis utilisez le verbe *préférer* suivi lui aussi d'un autre verbe afin d'exprimer votre préférence pour une autre activité.

Exemple : Mon frère aime jouer au foot mais moi, je préfère faire de la gymnastique.

   1 Envoyer des textos ....

       ....

   2 Surfer sur Internet ....

       ....

   3 Jouer de la guitare ....

       ....

   4 Jouer à des jeux vidéo ....

       ....

   5 Écouter de la musique ....

       ....

7 Corrigez l'heure dans chaque phrase.

   1 Mes parents prennent leur petit déjeuner à vingt-trois heures. ....

   2 Mon frère va au collège à dix-huit heures trente. ....

   3 Ma meilleure copine a une leçon de piano le samedi matin à quatorze heures. ....

   4 Mon copain et moi aimons aller au cinéma à six heures du matin. ....

   5 On fait souvent du jardinage à vingt et une heures trente. ....

8 Les tâches ménagères. Un(e) adulte demande à un(e) adolescent(e) de faire les tâches ménagères 1 à 10. Complétez chaque phrase en utilisant un des six verbes de la liste.

Faites le même exercice quand l'adulte s'adresse à plusieurs personnes.

faire	ranger	sortir	passer	tondre	vider	mettre

1 ..../ .... ta chambre !

2 ..../ .... le lave-vaisselle !

3 ..../ .... la table !

4 ..../ .... la poubelle !

5 ..../ .... la cuisine !

6 ..../ .... la lessive !

7 ..../ .... l'aspirateur !

8 ..../ .... le repassage !

9 ..../ .... la pelouse !

9 Finissez ces phrases en français.

1 Fais .... !

2 Range .... !

3 Vide .... !

4 Mets .... !

5 Sors .... !

6 Remplis .... !

7 Passe .... !

8 Tonds .... !

9 Débarrasse .... !

10 Mettez les mots dans le bon ordre pour faire des phrases.

1 écouter musique. de J'aime la ....

2 J'aime jouer piano. beaucoup du ....

3 Je lire des préfère magazines. ....

4 grasse J'adore la matinée. faire ....

5 regarder J'adore la télé. ....

6 Je romantiques. préfère films les ....

11 Dites de ce que vous pensez des tâches ménagères mentionnées dans l'exercice **9** et ajoutez ce que vous préférez faire à la place pour vous détendre.

Exemple : Je n'aime pas faire la vaisselle. Moi, je préfère écouter de la musique.

....

....

....

....

....

....

....

....

....

....

2.3 Leisure, entertainment, invitations

1 Ça se fait où ? Choisissez les bonnes fins de phrases dans la liste.

Exemple : Je joue de la batterie dans ma chambre.

au centre sportif	au supermarché	au stade de foot	à la piscine
à la patinoire	à la campagne	à la bibliothèque	au cinéma

1 Je fais du patin à glace ....

2 Je joue au foot ....

3 Je fais de la natation ....

4 Je fais les courses ....

5 Je vais voir un film ....

6 Je choisis un livre ....

7 Je joue au tennis de table ....

8 Je fais des promenades ....

2 Reliez chaque mot ou expression de la première colonne (1 à 8) au groupe de mots qui correspond dans la deuxième colonne (A à H).

1 nager ☐   **A** parler avec des amis

2 un supermarché ☐   **B** le ping-pong

3 le tennis de table ☐   **C** une compétition

4 un tournoi ☐   **D** faire du cheval

5 faire de l'équitation ☐   **E** un instrument de musique

6 la bibliothèque ☐   **F** faire de la natation

7 jouer de la batterie ☐   **G** un grand magasin

8 discuter avec des copains ☐   **H** on y choisit des livres

3a Complétez les phrases avec le bon mot ou la bonne expression de la liste.

s'amuse bien	musique	cartes
activités	de société	gratuites
salle de gym	musculation	
fais la fête avec mes copains	un château	

1 Pour mon anniversaire, je ....

2 On .... ensemble.

3 Au centre de jeunesse, les .... sont ....

4 On écoute de la .... et on joue à des jeux ....

5 Comme j'aime bien le sport, on va aussi à la ....

6 Ensemble, on fait de la ....

7 S'il pleut, on reste chez moi et on joue aux ....

8 Le weekend prochain, on va visiter ....

b Sur une feuille à part, traduisez les phrases de l'exercice **a** dans votre langue.

4 Changez les mots **en gras** pour faire des phrases qui ont du sens.

Exemple: J'adore nager donc je vais aller à la piscine.

1 J'adore **jouer au ping-pong** .... donc je vais aller à la piscine.

2 Ce weekend, je vais **aller au centre sportif** .... avec mes amis pour acheter des vêtements.

3 On va aller voir un film **au musée** ....

4   Comme je n'ai pas de cheval, je fais **souvent** .... de l'équitation.

5   Mes amis et moi préférons les endroits animés et allons souvent **à la bibliothèque** ....

6   Mes parents adorent l'histoire, donc ils visitent régulièrement **des stades de foot** ....

5   Choisissez le bon mot pour compléter les phrases.

Exemple: 1 Le samedi, j'aime jouer au rugby avec mes copains.

1   Le samedi, j'aime jouer **au / à la / du / de la** rugby avec mes copains.

2   Tu aimes jouer **au / du / des / aux** jeux de société ?

3   Mon frère joue tous les jours **au / à la / du / de la** piano.

4   S'il fait beau demain, je ferai **du / de la / de l' / des** patin à roulettes dans le parc.

5   Faire **du / de la / de l' / des** sport est important pour se détendre.

6   Vous préférez peut-être jouer **au / aux / du / des** cartes ?

7   Nous faisons rarement **du / de la / de l' / des** natation en hiver.

8   L'année prochaine, je vais faire **de la / du / de l' / des** ski nautique.

6a   Complétez chaque phrase avec la bonne forme du verbe entre parenthèses au présent.

1   Je .... visiter le musée des Beaux-Arts. (aller)

2   Nous .... faire les magasins si tu ne .... pas aller au cinéma. (pouvoir, vouloir)

3   Si tu .... faire du sport, on .... aller au centre sportif. (préférer, pouvoir)

4   Il .... aussi y avoir une fête foraine. Tu .... y aller ? (aller, vouloir)

5   Mes parents .... rester à la maison, mais mon frère et moi .... sortir. (aimer, préférer)

6   Vous .... rester à la maison, ou vous .... sortir ? (aller, préférer)

b   Sur une feuille à part, traduisez les phrases dans votre langue.

7   Dans chaque phrase, soulignez le verbe au futur (futur simple ou futur proche). Puis, dans chaque case, écrivez F pour un verbe au futur simple ou FP pour un verbe au futur proche.

Exemple : vas visiter – FP

1   Demain, j'irai en ville avec des copains.   ☐

2   Samedi prochain, il va jouer du piano dans un orchestre.   ☐

3   Dimanche soir, on visitera la vieille ville ensemble.   ☐

4   À 20h30, ils vont retrouver leurs copains au cinéma.   ☐

5   L'année prochaine, je ferai du basket avec l'équipe de mon collège.   ☐

6   Tu vas surfer sur Internet pour trouver des choses à faire ce weekend ?   ☐

8 Complétez les phrases avec le futur simple des verbes entre parenthèses.

Exemple : La semaine prochaine, j'irai (aller) à la plage.

1 Samedi matin, on .... au foot. (jouer)

2 Dimanche, nous .... aussi la fête. (faire)

3 Pendant les vacances scolaires, ils .... au gymnase. (aller)

4 Ma copine .... mais moi, je .... de la gymnastique. (se baigner, faire)

5 Tu .... du patin à roulettes ce weekend ? (faire)

6 Tes amies et toi, qu'est-ce que vous .... samedi prochain ? (faire)

9a Ces phrases sont au futur proche. Réécrivez-les au futur simple.

1 Nous allons faire la fête. Nous allons écouter de la musique et danser.

....

2 Je vais jouer dans un tournoi de foot. J'espère qu'on va gagner.

....

3 Ils vont passer leurs vacances au bord de la mer. Ils vont se baigner tous les jours.

....

4 Dimanche après-midi, elle va appeler sa copine. Elles se parlent tous les weekends.

....

5 On va aller à la mer. On adore se baigner.

....

6 Ce matin, tu vas faire les courses ? On a besoin d'acheter un cadeau d'anniversaire pour Nadir.

....

b Sur une feuille à part, traduisez les phrases au futur simple dans votre langue.

10 Lisez les phrases. Puis complétez la grille en écrivant la bonne activité (A–N) dans chaque case.

A patinoire	**F** une excursion	**K** des vidéos
B la planche à voile	**G** cinéma	**L** aller voir mon copain
C le ski	**H** rester chez moi	**M** centre de loisirs
D l'escalade	**I** spectacle en plein air	**N** randonnée à la campagne
E la natation	**J** foot	

1 Lundi, je ferai de l'escalade, mais s'il pleut, j'irai à la piscine.

2 Mardi, on a un tournoi de foot. S'il fait mauvais, j'irai voir mon meilleur copain.

3 Mercredi, je vais en excursion pour la journée. En cas de mauvais temps, on restera au centre de loisirs.

 Cambridge IGCSE™ French Grammar and Vocabulary Workbook

4 Jeudi soir, on a un spectacle gratuit en plein air. Si c'est annulé à cause du temps, je resterai chez moi.

5 Vendredi, s'il fait froid, on ira au cinéma. Sinon, on ira faire une randonnée à la campagne.

6 Samedi, s'il y a trop de vent, on ira à la patinoire. Sinon, j'aimerais bien faire de la planche à voile.

7 Dimanche, on va aller faire du ski mais s'il fait mauvais temps, on passera la journée à regarder des vidéos sur notre portable.

	lundi	mardi	mercredi	jeudi	vendredi	samedi	dimanche
Activité en cas de beau temps							
Activité s'il ne fait pas beau							

11 Utilisez les mots de la liste pour écrire six phrases au futur proche ou au futur simple pour parler des activités du weekend prochain.

Exemple : Samedi prochain, s'il fait beau, je ferai du ski avec mes copains à la montagne.

natation	ski	golf	escalade	excursion	violon

....

....

....

....

....

....

2.4 Eating out

1 Dans chaque case, écrivez B pour les boissons ou D pour les desserts.

1 un jus de pomme ☐

2 une mousse au chocolat ☐

3 une limonade ☐

4 de l'eau ☐

5 un gâteau ☐

6 un coca ☐

7 une crêpe ☐

8 un sirop de menthe ☐

9 un café ☐

10 une salade de fruits ☐

11 un thé ☐

12 du lait ☐

2 Dans la grille, trouvez au moins 12 aliments et écrivez-les sur les lignes.

C	R	O	Q	U	E	M	O	N	S	I	E	U	R
S	E	R	A	B	S	O	U	P	E	R	T	E	F
A	T	A	U	T	O	T	R	I	T	E	T	T	R
N	T	N	N	H	R	A	Z	Z	I	P	R	A	O
D	E	G	T	O	B	P	I	E	R	I	S	M	M
W	L	E	N	N	E	V	E	M	F	O	T	O	A
I	E	P	O	U	L	E	T	O	R	T	W	T	G
C	M	E	L	M	A	Y	O	N	N	A	I	S	E
H	O	T	E	N	O	N	G	I	P	M	A	H	C
P	A	I	N	A	U	C	H	O	C	O	L	A	T

....

....

....

....

....

....

....

....

3 Reliez chaque mot ou expression de la première colonne (1 à 8) au mot ou à l'expression qui correspond dans la deuxième colonne (A à H).

1	épicé	☐	**A**	gouteux	
2	savoureux	☐	**B**	plusieurs	
3	couteux	☐	**C**	garçon	
4	quelques-uns	☐	**D**	piquant	
5	tort	☐	**E**	se rappelle	
6	a envie de	☐	**F**	le contraire de raison	
7	se souvient de	☐	**G**	cher	
8	serveur	☐	**H**	veut	

4a Complétez les phrases avec le bon mot de la liste.

mexicaine	italien	hamburgers	plat	couscous
épicé	sains	piquant	français	cuisine

1 La pizza est un plat ....

2 Le curry est un plat indien qui est très .... et parfois ....

3 Le steak-frites est un plat typiquement ....

4 En général, les Américains préfèrent les ....

5 Le plat traditionnel du Maroc est le ....

6 La cuisine .... est très gouteuse.

7 La chakchouka est un .... de quel pays ?

8 À mon avis, les plats japonais sont plus .... que la .... indienne. Tu es d'accord ?

b Sur une feuille à part, traduisez les phrases de l'exercice **a** dans votre langue.

5 Complétez les phrases avec *au*, *à la*, *à l'* ou *aux*.

1 Je voudrais bien une glace .... fraise.

2 J'aimerais une crêpe .... chocolat.

3 Je vais demander une omelette .... champignons.

4 Les glaces .... citron, tu aimes ça ?

5 Moi, je préfère les glaces .... menthe.

6 Pour le déjeuner, je choisis un sandwich .... poulet.

7 Moi, une pizza .... fromage.

8 Moi, j'ai pris une glace .... vanille.

6a Complétez les phrases avec le superlatif des adjectifs entre parenthèses. N'oubliez pas de faire l'accord !

1 Le curry est le plat .... (épicé)

2 Les glaces à la framboise sont .... (savoureuses)

3 À mon avis, le café est .... boisson de toutes. (bon)

4 Le thé est la boisson .... (populaire)

5 Les crudités sont l'entrée .... (saine)

6 Les gâteaux au chocolat sont .... (bon)

7 La glace est le dessert .... (délicieux)

8 Le steak-frites est .... plat principal pour un végétarien. (mauvais)

b Sur une feuille à part, traduisez les phrases de l'exercice **a** dans votre langue.

7 Choisissez le bon mot chaque fois pour former des phrases correctes. Faites attention aux genres des mots et au sens de la phrase.

1 Pour mon anniversaire, je vais manger une **grosse part / bouteille** de gâteau.

2 Je voudrais une **tasse / assiette** de crudités.

3 Désirez-vous une **verre / carafe** d'eau, madame ?

4 Le matin, ma mère prend toujours une grande **tranche / tasse** de café.

5 Je voudrais deux **verres / tranches** de pain, s'il vous plaît.

6 Un **bol / verre** de soupe, s'il vous plaît.

7 J'aimerais une **assiette / bouteille** d'eau pétillante.

8 Vous ne préférez pas un **verre / tasse** d'eau du robinet ?

8 Remplissez les blancs avec le bon mot de la liste pour complétez les phrases.

au	portion	meilleur	meilleure
plus	une	à la	moins

Personnellement, j'adore manger une grosse **(1)** .... de poissons frites. À mon avis, c'est le plat le **(2)** .... savoureux du monde ! Cependant, j'aime aussi les pizzas **(3)** .... feu de bois. En dessert, je prends toujours de la glace **(4)** .... fraise. Ma **(5)** .... copine mange toujours **(6)** .... mousse au chocolat en dessert. Elle déteste la glace et pense que c'est le dessert le **(7)** .... original. Mes parents adorent le curry. Heureusement, le **(8)** .... restaurant indien de la région se trouve tout près de chez nous.

9 Complétez ces phrases en ajoutant *le meilleur, la meilleure, les meilleurs* ou *les meilleures* au début de chaque phrase, puis en finissant chaque phrase en français.

Exemple : Les meilleurs fruits sont les oranges.

1 .... boisson chaude est ....

2 .... boisson froide est ....

3 .... entrée est ....

4 .... dessert est ....

5 .... plat principal est ....

6 .... sauce est ....

7 .... poisson est ....

8 .... viande est ....

10a Chacune de ces personnes commande quelque chose à manger ainsi qu'une boisson. Complétez les phrases. Essayez d'utiliser des quantités et des superlatifs dans quelques phrases.

Exemple : Je voudrais un sandwich au fromage et un verre de jus d'orange, s'il vous plaît.

1 Je voudrais ....

2 Je vais choisir ....

3 Je prendrai ....

4 Je veux bien. ....

5 J'aimerais ....

6 Moi, je prends ....

7 Pour moi, ce sera ....

8 Ce qui me plairait, c'est ....

b Sur une feuille à part, traduisez vos phrases dans votre langue.

2.5 Special occasions

1 Dans la grille, trouvez au moins dix mots sur le thème du mariage et des réceptions et écrivez-les. Puis, sur une feuille à part, traduisez-les dans votre langue.

M	A	R	I	A	G	E	G	L	I	S	E
A	A	H	E	U	R	E	U	X	R	O	I
I	O	R	A	C	R	I	M	I	R	I	N
R	U	D	I	O	E	E	S	O	U	R	O
I	E	R	A	N	P	P	E	N	E	E	M
E	M	M	E	F	A	O	T	H	N	E	E
P	G	A	P	E	S	U	N	I	N	O	R
O	A	S	H	T	A	X	E	N	O	N	E
U	L	A	B	T	I	S	T	V	H	N	C
S	A	R	O	I	N	E	E	I	R	A	M
E	B	O	N	H	E	U	R	T	O	I	T
R	E	L	I	G	I	O	N	E	N	L	E

....

....

....

....

....

....

....

....

....

....

2 Reliez chaque mot ou expression de la première colonne (1 à 8) au mot ou à l'expression qui correspond dans la deuxième colonne (A à H). Écrivez la bonne lettre dans chaque case.

1 mon anniversaire ☐   **A** ma date de naissance

2 célébrer ☐   **B** à la maison

3 rigoler ☐   **C** fêter

4 mes amis ☐   **D** la fête

5 chez moi ☐   **E** mes copains

6 on m'a donné ☐   **F** vite

7 rapidement ☐   **G** s'amuser

8 la réception ☐   **H** on m'a offert

3 Remettez les lettres dans le bon ordre pour former des mots. Puis écrivez le bon mot dans chaque phrase.

QEZUNI TÛAO	SNTAI-VTINLEAN	ÊEFT NALENATIO ....
ARERNIVSAIEN	ÂSQUEP	RMIAAGE ....
SACAVNCE	ËNLO	

1 La .... est toujours le quatorze février.

2 Samedi dernier, on a fêté mon ....

3 Le jour de ...., on mange beaucoup de chocolat !

4 ...., c'est le 25 décembre.

5 Le .... de ma sœur a eu lieu à la mairie de la ville.

6 Le quatorze juillet, en France, c'est la date de la ....

7 Nous avons célébré le jour de l'indépendance de l'Inde le ....

8 Les .... d'été commencent le trente juin. J'ai hâte !

4 Complétez les phrases avec le bon verbe de la liste.

passé	donné	invité	reçu	aimé
dansé	fêté	commencé	chanté	écouté

1 J'ai .... tous mes copains à une fête chez moi.

2 On a .... mon anniversaire.

3 Ça a .... à dix-huit heures.

4 Ils m'ont tous .... « Joyeux anniversaire ».

5 J'ai .... des cartes et des cadeaux.

6 J'ai bien .... le portable qu'ils m'ont ....

7 Évidemment, on a .... de la musique et on a ....

8 J'ai .... une soirée super.

5 Soulignez les verbes au passé composé. Notez s'ils sont conjugués avec *avoir* ou *être*. Ensuite, traduisez-les dans votre langue.

Exemple: 1 j'ai retrouvé – avoir – I met up with

1 Hier, j'ai retrouvé une ancienne copine. ....

2 Nous sommes allées en ville ensemble. ....

3 On a beaucoup parlé. ....

4 On a bien rigolé. Manon est très drôle. ....

5 On a écouté de la musique. ....

6 J'ai pris des selfies avec toutes mes copines. ....

7 On s'est bien amusées. ....

8 Je suis rentrée chez moi assez tard. ....

6 Complétez les phrases avec le passé composé du verbe entre parenthèses.

1 J'.......... .... mon anniversaire avec ma famille et mes copains. (fêter)

2 Un de mes copains .... à danser. (commencer)

3 On .... bien .... (rigoler)

4 Tout le monde m'.......... .... un cadeau. (offrir)

5 J'.......... .... une journée super. (passer)

6 Et toi, comment ....- tu .... ton anniversaire ? (fêter)

7 ....-tu .... beaucoup de cadeaux ? (recevoir)

8 Qu'est-ce que vous .... et .... ? (manger, boire)

7 Complétez les phrases avec le verbe entre parenthèses au passé composé. Ces verbes se conjuguent avec *être*, alors attention aux accords !

1 Ils .... nous voir. (venir)

2 Elle .... en taxi à dix heures. (partir)

3 Mon frère et moi .... à la fête à neuf heures. (arriver)

4 Vous .... ensemble, les filles, pour fêter son anniversaire. (sortir)

5 Pour fêter son anniversaire, nous .... tous .... au restaurant. (aller)

6 Je .... au cinéma. (aller)

7 On .... toutes .... très tard. (rentrer)

8 Tu .... déjà .... à l'étranger tout seul ? (partir)

8 Reliez les débuts (1 à 8) et les fins (A à H) de phrase.

1 Mes copains et moi ☐   **A** mangé trop de gâteau et bu trop de coca.

2 Les filles se ☐   **B** suis habillée spécialement pour cette occasion.

3 On a ☐   **C** sommes allés en Inde pour célébrer son mariage.

4 Tu es ☐   **D** avez mis votre nouvelle robe ?

5 J' ☐   **E** arrivée à la fête dans une limousine, Zara. La classe !

6 Je *(f)* me ☐   **F** rentrés plus tard que moi.

7 Mes frères sont ☐   **G** sont vraiment bien amusées à la fête.

8 Vous ☐   **H** ai dansé toute la soirée !

9 Écrivez les dates en toutes lettres.

Exemple : 27/1 = le vingt-sept janvier

1 27/1 ....   **5** 25/11 ....

2 3/08 ....   **6** 2/07 ....

3 6/12 ....   **7** 1/06 ....

4 10/03 ....   **8** 15/06 ....

10a Lisez le texte d'Aishu et corrigez les onze erreurs.

Le septième mars, ma cousine s'est marié à Goa en Inde et mes parents et moi y sommes allé en avion pour cette occasion. Vraiment, ça a été une journée sensationnelle et j'ai adorée le sari bien coloré de la mariée. Nous, les invités, se sommes aussi habillés de manière traditionnelle indienne. Personnellement, je suis trouvé la cérémonie très émouvante et il va sans dire que j'ai prendu beaucoup de photos. Le soir, tout le monde ont beaucoup dansé et chanté. C'était génial et nous nous sommes tous super bien amusées. Une journée inoubliable ! L'année prochaine, ma copaine va se marier en Australie. Je n'y ai jamais allée alors j'ai hâte.

b Sur une feuille **à** part, traduisez le texte correct dans votre langue.

11 Utilisez les mots ci-dessous pour écrire des phrases au passé composé.

Exemple : 30 mars / vouloir / fête d'anniversaire : Le 30 mars, j'ai voulu aller à la fête d'anniversaire de mon copain.

1 vouloir / fête d'anniversaire / 30 mars ....

2 31 décembre / rentrer / tard ....

3 pouvoir / venir / 14 juillet ....

4 se fiancer / ma copine / 14 février ....

5 prendre / beaucoup de photos / mariage ....

6 faire / un gâteau / le mariage ....

7 1er janvier / dire / Bonne Année ....

8 Noël / avoir / cadeaux ....

2.6 Going on holiday

1 Anagrammes. Destinations de vacances.

1 PANGE CAM ....   **5** ROI CERISE ....

2 MANGE NOT ....   **6** SIR AU LATE ....

3 GREEN ALTRA ....   **7** BEAR CISA ....

4 BREAD LARD MOUE ....   **8** DONT TAKE SI SI ....

2 Où peut-on faire ces activités ? Écrivez la bonne destination sur chaque ligne. Vous pouvez utiliser certaines réponses plusieurs fois.

à Londres	à la campagne	à la montagne
à Paris	au Kenya	à Madrid
au bord de la mer		

1 la baignade ....

2 aller voir mes copains espagnols ....

3 une randonnée et aussi du ski ....

4 aller à la plage ....

5 visiter la tour Eiffel ....

6 visiter une ferme ....

7 un safari ....

8 visiter le palais de Buckingham ....

3 Remplissez les blancs pour compléter les phrases.

1 Pour réserver les v_ _ _ _ _ _ _, on peut aller dans une a_ _ _ _ _ de v_ _ _ _ _ _.

2 Là-bas, ils vont vous donner tous les r_ _ _ _ _ _ _ _ _ _ _ nécessaires.

3 On peut aller à la m_ _ _ _ _ _ _ ou à la c_ _ _ _ _ _ _.

4 Moi, je préfère dormir dans un h_ _ _ _ en v_ _ _ _.

5 Quelquefois, il faut obtenir un v_ _ _.

6 Mon oncle est le p_ _ _ _ _ _ _ _ _ _ d'un petit g_ _ _ situé dans le sud de la France.

7 Pour y aller, on doit prendre l'a_ _ _ _ et puis le t_ _ _ _.

8 Nous avons mangé dans le r_ _ _ _ _ _ _ _ _ de l'hôtel tous les soirs.

4 Choisissez la bonne option pour compléter chaque phrase.

1 En mars, ma famille et moi sommes allés **au / à la / aux / à** bord de la mer **au / en** Inde.

2 Ma meilleure copine est partie **au / en** Portugal avec ses parents.

3 Ils sont allés dans un petit village charmant **au / à la / aux / à** campagne.

4 Je vais souvent **au / en** Italie en hiver. J'aime faire du ski donc je vais **au / à la / aux / à** montagne.

5 Tu es déjà allé **au / à la / aux / à** Caraïbes ?

6 On a décidé d'aller **au / à la / aux / à** États-Unis cet été.

7 Nous sommes arrivés **au / à la / aux / à l'** hôte tard.

8 Elle va passer quelques jours **au / à la / aux / à** Paris.

5 Reliez les verbes au futur proche (1 à 8) au futur simple qui correspond (A à H).

1	je vais aller	☐	**A**	je serai
2	je vais être	☐	**B**	je voudrai
3	je vais pouvoir	☐	**C**	je viendrai
4	je vais venir	☐	**D**	j'enverrai
5	je vais vouloir	☐	**E**	je devrai
6	je vais devoir	☐	**F**	je pourrai
7	je vais envoyer	☐	**G**	je ferai
8	je vais faire	☐	**H**	j'irai

6 Réécrivez ces phrases en utilisant le futur simple.

1 Demain, je vais à une soirée d'opéra.

....

2 Tu vas au festival de musique cette année ?

....

3 Pendant nos vacances, nous faisons du sport.

....

4 Mes parents visitent beaucoup de pays étrangers.

....

5 Il ne prend pas l'avion car ce n'est pas écologique.

....

6 Vous restez chez vous à Noël ?

....

7 Elles ont passé des vacances à la montagne.

....

8 Tu vas partir en vacances avec tes copains ou ta famille ?

....

7 Mettez les mots dans le bon ordre pour faire des phrases.

1 On souvent y va. ....

2 Tard trop c'était. ....

3 Je demain vais aller y. ....

4 Il aimé toujours le de mer a bord. ....

5 Il en été chaud fait y. ....

6 Je tout vais de venir suite. ....

8a Mettez chaque adverbe dans la bonne catégorie.

tôt	tard	rarement	toujours
ici	loin	souvent	y

Adverbes de lieu	Adverbes de temps

b Remplissez les blancs avec un adverbe de l'exercice **a** pour faire des phrases.

1 L'été, nous allons .... France parce que nous adorons la culture française.

2 Mon copain prend .... l'avion pour aller en vacances car il pense que c'est mauvais pour l'environnement.

3 Chaque soir, nous avons mangé .... le restaurant situé à côté de l'hôtel.

4 J'adore l'Égypte. J'.......... vais aussi souvent que possible.

5 Pendant nos vacances en Espagne, nous sommes rentrés .... chaque soir mais nos parents sont rentrés assez ....

6 Tu prends .... des vacances à l'étranger ?

9a Mettez les mots dans le bon ordre pour faire des phrases.

1 va année. aux on États-Unis aller Cette

....

2 montagne. à aller J'aime la

....

3 un mangerons thaïlandais. restaurant dans Nous

....

4 nous un de musique. irons Demain, festival à

....

5 adorent la été. iront France et là-bas cet Ils

....

6 mer ? resterez Turquie la bord vous En au de

....

7 grands-parents vacances Mes souvent leurs Inde. en passent

....

8 l'étranger que part coute rarement On à parce ça cher.

....

9b Sur une feuille à part, traduisez les phrases dans votre langue.

10 Utilisez les mots pour écrire des phrases au futur simple.

Exemple: 1 faire / un voyage à l'étranger / ma famille – Je ferai un voyage à l'étranger avec ma famille.

1 faire / un voyage à l'étranger / ma famille

....

2 devoir / voyager en avion / loin

....

3 aller / en Thaïlande / la cuisine

....

4 venir / me rendre visite / l'année prochaine

....

5 avoir / un choix énorme / activités

....

6 être / content / visiter les monuments / gouter les spécialités

....

7 voir / espèces protégées / lieux spectaculaires

....

8 pouvoir / découvrir la culture / rencontrer des personnes

....

2.7 Family and friends abroad

1 Reliez chaque pays (1 à 10) à la nationalité de leurs habitants (A à J).

1	le Sénégal	☐	**A**	canadien
2	le Canada	☐	**B**	sénégalais
3	la Belgique	☐	**C**	luxembourgeois
4	le Maroc	☐	**D**	martiniquais
5	le Luxembourg	☐	**E**	togolais
6	la Côte d'Ivoire	☐	**F**	belge
7	la Martinique	☐	**G**	malien
8	le Mali	☐	**H**	marocain
9	Madagascar	☐	**I**	ivoirien
10	le Togo	☐	**J**	malgache

2 Dans les dix pays mentionnés dans l'exercice **1**, les gens parlent français. Trouvez cinq autres pays francophones en faisant des recherches sur Internet, par exemple. Mentionnez le nom de chaque pays et la nationalité de ses habitants.

Exemple : l'Algérie – algérien

....

....

....

3 Dans chaque case, écrivez *P* pour une opinion positive ou *N* pour une opinion négative.

1 J'ai fait un séjour très agréable. ☐

2 De ma chambre d'hôtel, je voyais la mer et ça m'a bien plu. ☐

3 Il n'a pas fait beau. Quel dommage ! ☐

4 J'ai beaucoup aimé la maison de mon oncle en Inde. ☐

5 Le vol était trop long. ☐

6 Je voudrais y retourner l'année prochaine. ☐

7 J'aime les vacances en famille, mais je trouve que mes cousins sont pénibles. ☐

8 Passer une semaine dans un pays différent est super intéressant ! ☐

4 Lisez le texte de Léonie et décidez si les affirmations sont vraies (*V*), fausses (*F*) ou pas mentionnées (*PM*).

Cette année, je suis enfin allée à l'île Maurice avec mes parents et mon frère cadet pour rendre visite à ma tante et mon oncle. On se parlait régulièrement en ligne mais je voulais vraiment les voir en personne. En plus, mon frère cadet et moi avions vraiment hâte de découvrir l'ile. On y a passé deux semaines géniales. Vraiment, on s'est amusés. On a fait tellement de choses pendant notre séjour ! Chaque matin, mon frère et moi, nous nous levions tôt pour aller à la plage et nous baigner dans la mer alors que mes parents allaient au marché pour acheter des produits frais. On mangeait si bien tous les jours. J'étais triste quand on a dû rentrer et j'ai hâte d'y retourner.

1 C'était la première fois que Léonie allait à l'île Maurice. ☐

2 Son frère ne voulait pas y aller car il préfère communiquer en ligne. ☐

3 Les parents de Léonie se baignaient dans la mer avant d'aller au marché. ☐

4 Léonie va y retourner bientôt. ☐

5 Dans chaque case, écrivez *F* pour le langage formel ou *IF* pour le langage informel.

1 s'il te plaît ☐

2 je t'en prie ☐

3 je vous remercie ☐

4 entrez ☐

5 s'il vous plaît ☐

6 asseyez-vous ☐

7 heureux de faire votre connaissance ☐

8 excuse-moi ☐

9 salut ☐

10 enchanté ☐

6 Choisissez le bon mot pour remplir les blancs.

   1 Moi, j'ai un ami **belge / belges / Belge / Belges** qui vit à Casablanca.

   2 Mon cousin habite au Brésil mais est d'origine **français / française / Français / Française**.

   3 Nos amies **anglais / anglaises / Anglais / Anglaises** vont passer une semaine au Maroc. Elles trouvent les **marocains / marocaines / Marocains / Marocaines** très chaleureux.

   4 Je connais une **indien / indienne / Indien / Indienne** qui prend toujours ses vacances en France.

   5 C'est un plat **japonais / japonaise / Japonais / Japonaise** qu'aiment beaucoup de **français / françaises / Français / Française.**

   6 Mon oncle a déménagé à Djibouti parce qu'il adore la culture **africain / africaine / Africain / Africaine**.

   7 Cette année, on va passer des vacances au Québec, chez des **canadien / canadiens / Candien / Canadiens** très gentils.

   8 Pour Noël, on va aller dans un petit village **suisse / suisses / Suisse / Suisses**, chez ma fille qui s'est mariée avec un **suisse / suisses / Suisse / Suisses** l'année dernière.

7 Utilisez des couleurs différentes pour souligner les phrases à l'imparfait et au passé composé. Ensuite, traduisez toutes les phrases dans votre langue sur une feuille à part.

   1 L'année dernière, mes grands-parents ont émigré et vivent maintenant au Canada dans la région de Québec.

   2 Avant, ils habitaient en Normandie, près de chez moi.

   3 Quand j'étais petit, ils s'occupaient souvent de moi.

   4 Ils ont décidé de s'installer là-bas parce qu'on y parle français.

   5 Au début, ils n'avaient pas beaucoup d'amis.

   6 Ils m'ont invité à aller les voir l'été prochain.

8 Mettez les verbes entre parenthèses à la bonne forme de l'imparfait pour compléter les phrases.

   1 Vous .... contents de revoir vos grands-parents ? (être)

   2 Ma sœur et moi .... tous les jours à la plage et .... dans la mer. (aller, nager)

   3 Au début, la France me .... (manquer)

   4 Le soir, tu .... toujours en famille ? (manger)

   5 Je .... tôt tous les jours car il .... très chaud pendant l'après-midi. (se lever, faire)

   6 Ils ne .... rien des coutumes et ne .... pas la langue. (savoir, comprendre)

9 Complétez les phrases en utilisant l'imparfait ou le passé composé de chaque verbe entre parenthèses.

1 Quand ...., il .... déjà nuit. (nous + arriver, faire)

2 .... nos amis indiens à 21 h 00. Notre avion .... du retard. (Nous + retrouvé, avoir)

3 .... chez eux en taxi. C'........................ trop loin pour y aller à pied. (On + aller, être)

4 .... une semaine super. Je ne .... pas qu'il y .... tant de choses intéressantes à faire et à visiter dans cette région ! (On + passer, savoir, avoir)

5 .... trop chaud pour sortir l'après-midi, mais le soir, ... faire ce qu'........................ . Aucun problème ! (Il + faire, on + pouvoir, on + vouloir)

10 Ces personnes ont-elles une opinion positive ou négative de leurs vacances ? Dans la case, écrivez *P* pour une opinion positive ou *N* pour une opinion négative.

1 j'ai beaucoup apprécié ☐   **5** je suis ravi de vous accueillir ☐

2 heureux de faire votre connaissance ☐   **6** je m'y suis bien amusée ☐

3 je ne trouve pas la dame gentille ☐   **7** ça sentait bon ☐

4 ça m'a vraiment bien plu ☐   **8** je croyais que ce serait mieux ☐

11 De quoi parlent-ils ? Choisissez la bonne expression de la liste.

Du voyage	**Du temps**
De la langue	**De la nourriture**
De l'accueil qu'ils ont reçu	**De leurs activités**
De la durée du séjour	**De ce qu'ils ont pensé de leurs vacances**

1 On est restés deux semaines : ....

2 On y a passé des vacances super : ....

3 Le vol a duré huit heures : ....

4 Je faisais de la voile presque tous les jours : ....

5 Comme ils parlaient français, je les ai compris facilement : ....

6 Il faisait beau tous les jours : ....

7 On mangeait tous les jours des plats exotiques : ....

8 Tout le monde était très accueillant : ....

12 Écrivez huit phrases pour parler de vacances réelles ou imaginaires que vous avez passées à l'étranger.

1 Votre destination : ....

2 Avec qui ? ....

3 Transport : ....

4 Votre logement : ....

5 Ce que vous avez visité : ....

6 Le temps qu'il faisait : ....

7 Combien de temps vous êtes resté : ....

8 Ce que vous avez pensé de vos vacances : ....

3.1 Home town and geographical surroundings

1 Lisez les descriptions et écrivez le bon mot à chaque fois.

Exemple : 1 l'atmosphère d'un endroit = l'ambiance

1 l'atmosphère d'un endroit = l'a_ _ _ _ _ _

2 c'est agréable et plaisant = c_ _ r_ _ n t

3 il y a beaucoup de monde = a_i m_

4 c'est caractéristique = _yp_q_ _

5 c'est frappant = im_r_s_ _ _ _ _ _t

6 c'est calme = t_ _ _q_ _ _ _ _

7 c'est barbant = en_ _y_ _ _

8 il y a une diversité = une v_ _ _ _ _é

2a Reliez les débuts (1 à 8) et les fins (A à H) de phrases.

1	Je déteste mon village	☐	**A**	pas grand-chose à faire pour les jeunes.
2	Il n'y a	☐	**B**	la campagne, je pense.
3	Mes parents	☐	**C**	à Paris parce que c'est une grande ville très animée.
4	Tu aimes là	☐	**D**	ville est trop polluée.
5	Moi, je voudrais habiter	☐	**E**	beaucoup de magasins intéressants.
6	Il y a	☐	**F**	parce que c'est trop calme.
7	On s'ennuierait à	☐	**G**	ne veulent pas habiter en ville.
8	Selon mes amis, la	☐	**H**	où tu habites ?

b Traduisez les phrases complètes de l'exercice **a** dans votre langue sur une feuille à part.

3 Dans chaque phrase, soulignez le quantificateur. Puis écrivez *P* dans la case pour une opinion positive ou *N* pour une opinion négative.

1 Il y a beaucoup d'attractions pour les touristes. ☐

2 Le centre est beaucoup trop bruyant. ☐

3 Il y a peu de cafés. ☐

4 On a suffisamment de petits magasins. ☐

5 Le château est tout à fait charmant. ☐

6 Il y a trop de circulation en ville. ☐

7 Le musée est vraiment intéressant. ☐

8 J'ai été un peu déçue par le restaurant vietnamien. ☐

4 Soulignez les conjonctions. Ensuite, traduisez les phrases dans votre langue sur une feuille à part.

1 Virginie adore le bruit de la ville mais son frère préfère la campagne.

2 Je vais faire les magasins pendant que mes parents iront au musée.

3 La ville est très polluée donc on ne veut pas y habiter.

4 J'aimerais habiter à la montagne ou bien au bord de la mer.

5 Tu connais bien cette ville; cependant, moi, je ne la connais pas.

6 Il y a peu de transports en commun, alors nous devons prendre la voiture.

7 Je m'ennuierais à la campagne parce qu'il n'y a pas grand-chose à faire.

8 Ils vont souvent au parc quand il fait beau.

5 Choisissez les cinq phrases qui sont au conditionnel. Cochez (✓) les bonnes cases.

1 J'aimerais habiter au bord de la mer. ☐

2 Cet été, je partirai en France. ☐

3 S'il était riche, il achèterait une grande maison à la campagne. ☐

4 Quand nous serons plus âgés, nous habiterons dans une grande ville. ☐

5 Elles seraient en meilleure santé si elles n'habitaient pas en ville. ☐

6 Vous aimez votre ville ? ☐

7 Ce serait super si on habitait au bord de la mer. ☐

8 Nous irions plus souvent au centre commercial si nous habitions plus près. ☐

6 Réécrivez les phrases suivantes au conditionnel.

1 Personnellement, je ne veux pas habiter dans un petit village.

....

2 Ils préfèrent vivre au bord de la mer.

....

3 En habitant à la campagne, tu ne peux pas voir tes copains.

....

4 Vous voulez aller à Paris demain ?

....

....

5 Elle va à la plage tous les jours.

....

6 Il est plus facile de se déplacer en ville.

....

7 On est contents d'habiter à la montagne.

....

8 Nous profitons des cafés, des restaurants et des théâtres.

....

7 Reliez les débuts (1 à 8) et les fins (A à H) de phrases.

1 Les magasins de ma ville sont vieux, ☐   **A** campagne car c'est calme et pittoresque.

2 J'adore habiter à la ☐   **B** ensuite on va à la pharmacie.

3 Je ne sais pas encore ☐   **C** ou bien du tourisme.

4 D'abord, on va à la librairie, ☐   **D** nous allons à la plage pour jouer au volley.

5 Moi, j'adorerais habiter à la montagne ☐   **E** que nous irons au ciné ce soir.

6 Je pense ☐   **F** donc je préfère aller au grand centre commercial.

7 Comme nous habitons tout près, ☐   **G** quand j'irai au marché.

8 Là ou j'habite, vous pourriez faire les magasins ☐   **H** alors que ma mère, elle, préférerait vivre au bord de la mer.

8a Trouvez dans la grille les 20 adjectifs qui aident à décrire un village ou une ville. La première lettre de chaque adjectif vous est donnée.

I	M	P	R	E	S	S	I	O	N	N	A	N	T
N	E	M	I	N	A	L	N	E	U	F	G	O	O
T	S	T	F	N	U	A	E	B	E	A	R	M	U
E	U	N	I	U	E	N	C	O	P	G	E	B	R
R	F	A	T	Y	P	I	Q	U	E	R	A	R	I
E	F	S	C	E	U	G	M	P	T	A	B	E	S
S	I	O	A	U	P	I	O	N	I	N	L	U	T
S	S	P	T	X	D	R	E	I	T	D	E	X	I
A	A	M	Y	T	M	O	D	E	R	N	E	S	Q
N	M	I	D	Y	N	A	M	I	Q	U	E	H	U
T	R	A	N	Q	U	I	L	L	E	D	O	R	E
C	A	L	M	E	T	N	A	M	R	A	H	C	S

1   a..........   11 i..........

2   a..........   12 i..........

3   a..........   13 m..........

4   b..........   14 n..........

5   c..........   15 n..........

6   c..........   16 o..........

7   d..........   17 p..........

8   e..........   18 t..........

9   g..........   19 t..........

10 i..........   20 t..........

b Sur une feuille à part, utilisez ces mots pour faire vos propres phrases au conditionnel au sujet de votre ville ou village. N'oubliez pas d'utiliser aussi des quantificateurs et des conjonctions.

Exemple : J'habiterais dans une petite ville charmante où se trouverait un grand château impressionnant qui daterait du XIe siècle.

9 Utilisez les adjectifs de l'exercice **8** et les mots de la liste pour écrire six phrases en français pour décrire votre ville.

Exemple : J'habite dans un petit village calme où il n'y a pas grand-chose à faire.

pas grand-chose	la plupart	peu de
tout à fait	à l'avenir	ambiance

....

....

....

....

....

3.2 Shopping

1 Reliez chaque achat (A à H) au magasin dans lequel on peut l'acheter (1 à 8).

1	à la boulangerie	☐	**A**	du poisson
2	à la poissonnerie	☐	**B**	un gâteau
3	à la boucherie	☐	**C**	des médicaments
4	à la librairie-papeterie	☐	**D**	du pain
5	à la pâtisserie	☐	**E**	de la viande
6	à la pharmacie	☐	**F**	un journal
7	à la charcuterie	☐	**G**	du lait
8	à l'alimentation générale	☐	**H**	du pâté

2a Complétez les phrases avec un mot de la liste pour dire ce qu'on achète dans ces magasins.

vêtements	charcuterie	oranges	journal
épicerie	librairie	baskets	boucherie
bracelet	jambon	poulet	pantalon
bijouterie	chaussures	tube d'aspirine	pharmacie

1 Je vais acheter un .... et une montre à la ....

2 Maman va à la .... pour acheter du .... et de l'agneau.

3 Mon grand-père va à la .... pour acheter son .... et un livre.

4 On va au magasin de .... pour acheter des bottes ou des ....

5 Si on veut des pommes de terre ou des ...., on va à l'.............. .

6 Je veux un .... et un pull donc je vais au magasin de ....

7 Nous allons à la .... pour acheter du saucisson et du ....

8 On trouve un .... et des pastilles pour la gorge à la ....

b Sur une feuille à part, traduisez les phrases de l'exercice **a** dans votre langue.

3 Dans la grille, trouvez 17 vêtements ou accessoires et écrivez-les.

C	H	A	U	S	S	E	T	T	E	S	E
H	B	G	P	A	N	T	O	U	F	L	P
A	A	A	R	E	S	I	M	E	H	C	U
U	S	N	O	L	A	T	N	A	P	H	J
S	K	T	I	M	P	E	R	M	E	A	E
S	E	S	R	V	E	S	T	E	N	P	R
U	T	A	H	E	C	H	A	R	P	E	U
R	S	B	L	O	U	S	O	N	U	A	T
E	C	O	S	T	U	M	E	S	L	U	N
S	A	N	D	A	L	E	S	A	L	E	I
I	C	R	A	V	A	T	E	R	O	B	E
O	M	E	G	I	E	S	I	M	A	H	C

....

....

....

....

....

....

....

....

....

....

....

....

4 Complétez ces phrases en choisissant le bon mot de la liste.

lequel	que	quel	lesquelles
qui	quelles	quels	lesquels
quoi	laquelle	quelle	

1 .... est ton meilleur copain et .... faites-vous ensemble ?

2 .... ? Répète, je ne t'ai pas entendu.

3 – Tu veux .... gâteaux ?

4 – Tu prends .... chaussures ? – .... sont les moins chères ?

5 Tu vas à .... boulangerie ? Je ne sais pas .... est la meilleure.

6 Vous avez acheté cela dans .... magasin ?

7 Vous vendez des journaux ici ? .... vendez-vous ?

8 « Tu as vu mon pull ? » « .... ?» « Celui que j'ai acheté hier. »

5 Complétez chaque phrase en choisissant le bon mot.

1 **Votre / Vos** bague, vous l'avez achetée où ?

2 Quel cadeau aimeriez-vous pour **votre / vos** anniversaire ?

3 J'aime bien ces lunettes mais je n'aime pas **leur / leurs** forme.

4 Vous avez fait **votre / vos** devoirs ?

5 Nous avons rangé **notre / nos** affaires. Demain, on part en vacances.

6 Ils vont choisir **leur / leurs** chaussures.

6 Reliez les débuts (1 à 8) et les fins (A à H) de phrases.

1 Quelle robe voudrais-tu : ☐   **A** celui-ci ou celui-là ?

2 Je n'aime pas ce ☐   **B** celles-ci ou celles-là ?

3 Quel portable voulez-vous, madame : ☐   **C** celle-ci ou celle-là ?

4 Ceux que j'aime coûtent ☐   **D** magasin.

5 Elle n'aime pas du tout ☐   **E** cette boutique.

6 Quelles chaussettes prennent-elles : ☐   **F** trop cher.

7 Vous voulez quels paquets : ☐   **G** fraises.

8 Je prends ces ☐   **H** ceux-ci ou ceux-là ?

7 Pour chacune des phrases 1 à 8, choisissez A ou B. Écrivez la bonne lettre dans chaque case.

1 Ça ne me va pas du tout. ☐

   A C'est trop petit pour toi.

   B J'en ai déjà un.

2 Ça coute un prix fou. ☐

   A C'est assez bon marché.

   B C'est trop cher.

3 Elle ne marche pas. ☐

   A Elle est cassée.

   B Non, on n'a pas besoin de légumes.

4 Qu'est-ce que je vais en faire ? ☐

   A Donne-le à une œuvre caritative. J'en ai déjà un.

   B Je vais lui faire un cadeau.

5 Un bon d'achat, c'est sympa, mais pas pour ce magasin. ☐

   A Elle aime bien faire les magasins.

   B Elle n'aime pas ce qu'ils vendent.

6 Je l'ai déjà lu. ☐

   A J'ai emprunté ce livre à la bibliothèque récemment.

   B Les livres, c'est ma passion.

7 Le sport, ce n'est pas son truc. ☐

   A Ce qui lui plaît, c'est le bricolage.

   B Je vais lui offrir une raquette de tennis.

8 Moi, les vêtements, ça ne m'intéresse pas. ☐

   A J'hésite entre des chaussures et un t-shirt.

   B Je vais lui prendre un sac à main.

8 Imaginez une fin à chacune de ces phrases.

1 À la poste, j'achète... ....

....

2 Je préfère le supermarché au marché parce que... ....

....

3 Mes parents prennent le pain à la boulangerie parce que... ....

....

4 À la papeterie, on vend... ....

....

5 Moi, je n'aime pas beaucoup les grands magasins parce que... ....

....

6 L'inconvénient des petits magasins, c'est que... ....

....

7 Ce qui me plaît au marché, c'est que... ....

....

8 Une fois par semaine, mes parents... ....

....

9 Complétez ces cinq phrases. Dans le premier blanc, écrivez *ce, cet, cette* ou *ces*. Dans le deuxième blanc, écrivez *lequel, laquelle, lesquels* ou *lesquelles*. Dans le troisième blanc, écrivez *celui-ci, celle-ci, ceux-ci* ou *celles-ci*.

Exemple : 1 Tu aimes ces chaussures ? Lesquelles ? Celles-ci.

1 Tu aimes .... chaussures ? .... ? ....

2 .... boucles d'oreilles, elles te plaisent ? .... ? ....

3 .... bague, ça te dit ? .... ? ....

4 .... gants, tu les aimes ? .... ? ....

5 .... sac, il te plaît ? .... ? ....

3.3 Public services

1 Complétez les phrases avec le bon mot de la liste.

code postal	surfer sur Internet	sauvegarder
réseaux sociaux	numéro	adresse e-mail
code	en ligne	

1 Instagram et TikTok sont des ....

2 Pour envoyer un courriel à quelqu'un, il faut connaitre son ....

3 Pour payer par carte bancaire, il faut saisir son ....

4 Sans le ...., une adresse est incomplète.

5 Pour pouvoir contacter quelqu'un sur son portable, il faut connaitre son ....

6 On peut chatter ....

7 Il faut .... ses documents si on ne veut pas les perdre.

8 Si on cherche un renseignement, le plus facile c'est de ....

2 Reliez chaque question (1 à 8) à une réponse (A à H).

1 Où est la banque, s'il vous plaît ? ☐   **A** Non, j'ai perdu mon passeport dans le train.

2 Vous n'avez pas de pièce d'identité ? ☐   **B** Oui. Tapez votre code confidentiel.

3 Tu veux voir mes photos ? ☐   **C** Oui. Tu peux les partager avec moi en ligne ?

4 Est-il possible d'acheter des dollars ici ? ☐   **D** Je voudrais retirer cent dollars, s'il vous plaît.

5 Je peux utiliser ma carte bancaire ? ☐   **E** À cent mètres d'ici, à gauche.

6 Combien voulez-vous changer ? ☐   **F** Bien sûr. Combien en voulez-vous ?

7 As-tu vu mon portable, Maman ? ☐   **G** Oui, ils sont à deux pour cent.

8 Il y a des frais de commission ? ☐   **H** Non. J'espère que tu ne l'as pas perdu en ville.

3 Lisez les phrases pour trouver le bon mot.

1 C'est ce que j'utilise pour communiquer et partager des photos et vidéos :

les r............... s............... .

2 Je préfère envoyer des t............... que téléphoner à quelqu'un.

3 Mes amis et moi n'envoyons jamais de l...............

4 Je perds souvent mes g............... dans le bus.

5 Ne perds surtout pas ta c............... d'i............... !

6 On peut payer avec sa m............... maintenant.

7 Aujourd'hui, on va rarement à la b............... .

8 J'ai dû changer des b............... .

4 Écrivez le résultat de chaque addition en chiffres.

1 mille neuf cent quarante-cinq et vingt ....

2 deux mille vingt et cent dix ....

3 trois cents et cent quatre-vingts ....

4 cinq cent trente et deux cent dix ....

5 soixante-dix et quatre-vingt-dix ....

6 mille et mille vingt-six ....

5 Complétez les phrases avec *qui*, *que* ou *qu'*.

1 J'ai une copine .... travaille à la Poste.

2 Le film .... j'ai vu hier soir était génial.

3 L'ordinateur .... a acheté mon frère est vraiment bien.

4 Avec .... est-ce que tu aimes communiquer ?

5 Le dernier livre .... j'ai lu était intéressant.

6 La montre .... j'ai perdue est noire.

7 J'ai une tante .... envoie toujours des lettres.

8 La bague .... on lui a donnée est en or.

6 Choisissez la bonne option chaque fois pour compléter les phrases.

1 Mon cousin ? Je **l' / la / les / lui / leur** ai envoyé un texto le jour de son anniversaire.

2 Un coup de téléphone ? Oui, je **l' / la / les / lui / leur** en ai donné un ce matin.

3 Mon passeport ? Oui, j'ai dû **l' / le / les / lui / leur** montrer à la banque pour changer de l'argent.

4 Mes lunettes de soleil ? Je **l' / la / les / lui / leur** ai oubliées chez moi.

5 Ma tablette ? Je **l' / la / les / lui / leur** trouve trop démodée maintenant.

6 Mon portefeuille ? Oui, je **l' / le / les / lui / leur** garde toujours dans ma poche.

7 Les réseaux sociaux ? Je **l' / la / les / lui / leur** utilise tous les jours.

8 Les employées ? Je **l' / la / les / lui / leur** ai montré une pièce d'identité.

7 Réécrivez les phrases avec le passé composé du verbe entre parenthèses. N'oubliez pas de faire l'accord du participe passé si nécessaire. Ajoutez aussi le pronom direct qui manque.

Exemple : Tes amis, tu (voir) récemment ? Tes amis, tu les as vus récemment ?

1 Cet argent, c'est vrai que tu (perdre) ?

2 Les vidéos, quand est-ce que tu (envoyer) ?

....

3 Les clés que tu avais perdues, qui (trouver) ?

....

4 Tes boucles d'oreilles, c'est toi qui (choisir) ?

....

5 Ce texto, c'est toi qui (écrire) ?

....

6 La carte postale de Mourad, vous (recevoir) ?

....

8a Dans la grille, trouvez les 15 objets qu'on peut trouver au bureau des objets trouvés et écrivez-les.

C	A	R	T	E	D	I	D	E	N	T	I	T	E
O	T	O	H	P	L	I	E	R	A	P	P	A	L
T	I	B	U	I	S	P	A	N	T	A	O	N	L
A	N	A	G	R	E	R	T	N	O	M	R	E	I
N	E	G	A	T	B	I	J	O	U	X	T	S	U
I	M	U	C	H	O	Y	U	R	E	S	A	I	E
A	R	E	G	E	N	T	C	L	E	S	B	L	F
M	T	R	O	P	E	S	S	A	P	P	L	A	E
A	I	A	U	P	A	R	A	T	E	A	E	V	T
C	A	R	T	E	B	A	N	C	A	I	R	E	R
A	G	E	S	T	N	A	G	R	A	N	D	A	O
S	E	E	I	A	N	N	O	M	E	T	R	O	P

....

....

....

....

....

....

....

....

....

....

....

....

b Sur une feuille à part, utilisez ces mots pour écrire cinq phrases au passé composé disant ce que vous avez perdu récemment.

Exemple : Ma carte d'identité ? Je l'ai perdue la semaine dernière.

9a Arrangez les mots pour faire des phrases.

1 vous clés Avez- mes trouvé ?

....

2 laissées table Je les sur ai la.

....

3 portefeuille j'ai recherche ce que Je le perdu matin.

....

4 préféré l'e-mail Mon de communication moyen c'est.

....

5 comme Que des de penses-tu traditionnels, moyens les communication lettres ?

....

6 jamais est On de ne cartes ce qui reçoit postales maintenant, dommage.

....

7 as-tu utilisé semaine Internet Comment la dernière ?

....

8 portable Mon ne trouve père plus son. utilisé l'a métro dans Il le.

....

b Sur une feuille à part, traduisez les phrases de l'exercice **a** dans votre langue.

10a Il y a neuf erreurs dans le texte. Corrigez-les.

Je veux parler à mon amie pour le dire que je vais au ciné ce soir et lui demander si elle veut venir.
Je lui ai envoyée une texto hier mais elle n'a pas répondu. J'allais l'en envoyer un autre mais,
malheureusement, je ne peux pas car je ne trouve plus mon portable. Je l'ai laissée dans le bus,
je pense. Je lui ai donc envoyée un e-mail mais elle regarde rarement sa messagerie. Ma mère,
elle, préfère les moyens de communication traditionnelles. Si elle veut parler à ses potes, elle les
téléphonent.

b Sur une feuille à part, traduisez les phrases de l'exercice **a** dans votre langue.

3.4 Natural environment

1 Ajoutez les voyelles pour compléter chaque mot et trouver les choses qu'on peut recycler facilement.

1 P_P_ _R

2 C_RT_N

3 V_T_M_NTS

4 B_ _T_ _LL_S

5 C_N_TT_S _N M_T_L

6 P_L_S

7 N_ _RR_T_R_

8 D_CH_TS D_ J_RD_N

2 Cochez [✓] les actions qu'il faut faire pour protéger l'environnement.

1 Recycler les bouteilles ☐

2 Ramasser les déchets / détritus ☐

3 Faire des barbecues dans la forêt ☐

4 Jeter les déchets par terre ☐

5 Utiliser des produits chimiques pour l'agriculture ☐

6 Éliminer les insectes ☐

7 Limiter ses émissions de carbone ☐

8 Ne pas polluer la mer ☐

3 Qu'est-ce qu'il faut faire ? Complétez les phrases 1 à 8 en choisissant les bonnes réponses.

| les éléphants | la terre | nos sources d'eau | les animaux |
| les forêts | les piétons | la qualité de l'air | les poissons |

1 Pour protéger ...., on ne doit pas jeter de sacs en plastique dans la mer.

2 Pour protéger ...., on doit introduire des limitations de vitesse.

3 Pour protéger ...., on ne doit pas polluer les rivières.

4 Pour protéger ...., on ne doit pas y faire de feu.

5 Pour protéger ...., on ne doit pas détruire leur environnement.

6 Pour protéger ...., on doit arrêter de les chasser.

7 Pour protéger ...., on ne doit pas utiliser de produits chimiques.

8 Pour améliorer .... qu'on respire, il faut laisser sa voiture au garage.

4a Reliez les débuts (1 à 6) et fins (A à F) de phrase.

1 Il faut faire ☐	**A**	faire de barbecues dans la forêt.
2 On ne doit ☐	**B**	un effort pour protéger les animaux sauvages.
3 On doit surtout recycler ☐	**C**	on doit les ramasser.
4 En été, il ne faut pas ☐	**D**	protéger les sources d'eau car elles sont importantes.
5 Si on voit des déchets par terre, ☐	**E**	jamais jeter de déchets dans la mer.
6 Il faut ☐	**F**	les bouteilles.

b Sur une feuille à part, traduisez les phrases de l'exercice **a** dans votre langue.

5 Complétez les phrases avec le bon pronom indirect : *me, te, lui, nous, vous* ou *leur*.

1 Comme mon frère ne recycle rien, je .... rappelle souvent à quel point c'est important.

2 Si vous voulez faire plus pour protéger l'environnement, je .... conseille de ne pas utiliser de sacs en plastique.

3 Les touristes jettent parfois des déchets dans la mer et il faut .... expliquer les conséquences.

4 J'ai toujours froid mais ma mère .... dit constamment de baisser le chauffage.

5 Tu veux polluer moins ? Je peux .... prêter mon vélo si tu veux.

6 Notre prof de géographie .... a montré un documentaire sur le réchauffement de la planète.

7 Mes amis .... parlent souvent du changement climatique.

8 Nous prenons chacun notre voiture et ils .... ont conseillé de faire du covoiturage.

6 Complétez les phrases avec le participe présent des verbes entre parenthèses.

1 En .... les bouteilles, nous contribuons à la protection de l'environnement. (recycler)

2 En .... du covoiturage, on pollue moins la planète. (faire)

3 On améliore sa santé en .... du vélo. (faire)

4 En .... une voiture, on pollue l'atmosphère. (utiliser)

5 On préserve l'environnement en .... ses déchets au centre de recyclage. (jeter)

6 On protège la planète en .... les touristes des risques liés à leur comportement. (avertir)

   Cambridge IGCSE™ French Grammar and Vocabulary Workbook

7 Problèmes de l'environnement (*P*) ou solutions (*S*) ? Écrivez la bonne lettre dans chaque case.

1 Le covoiturage ☐

2 L'emballage en plastique ☐

3 Les produits bio ☐

4 Les émissions de carbone ☐

5 Les sacs biodégradables ☐

6 Les transports en commun ☐

7 L'utilisation des pesticides ☐

8 La réduction de la vitesse sur les autoroutes ☐

8 Identifiez six problèmes de l'environnement qui sont en évidence dans votre ville ou votre village.

....

....

....

....

....

....

9 Complétez ces phrases pour expliquer comment on peut améliorer notre environnement.

1 Pour préserver l'environnement, on doit ....

2 Il faut protéger ....

3 On ne doit pas jeter ....

4 Il ne faut pas ....

5 On doit ramasser ....

6 Il faut recycler ....

10 Vrai ou faux ? Écrivez *V* ou *F* dans chaque case.

1 Le traitement des emballages est une source de pollution. ☐

2 Il vaut mieux se déplacer en voiture électrique plutôt qu'à vélo. ☐

3 Dans les villages, on manque de centres de recyclage. ☐

4 Acheter des produits locaux contribue à la protection de l'environnement. ☐

5 On peut facilement recycler les sacs en plastique. ☐

6 Il est important de faire le tri de ses déchets. ☐

7 Certaines rivières sont polluées mais pas les océans. ☐

8 À cause de la pollution, des espèces végétales et animales sont en danger d'extinction. ☐

11 Écrivez six phrases sur l'environnement en utilisant le mot qui vous est donné.

   1 déchets ....

   2 trier ....

   3 nocif ....

   4 produits locaux ....

   5 biodégradable ....

   6 covoiturage ....

3.5 Weather

Les exercices sur le subjonctif (7, 8 et 12) représentent un défi pour élargir vos connaissances du français. Le programme Cambridge IGCSE™ et IGCSE (9–1) French n'inclut pas l'usage actif du subjonctif.

1 Écrivez les trois mois qui font chaque saison.

   1 Le printemps : ....   **3** L'automne : ....

   2 L'été : ....   **4** L'hiver : ....

2 Dans chaque case, écrivez *B* (beau temps) ou *M* (mauvais temps).

   1 une averse   ☐   **6** les orages   ☐

   2 du brouillard   ☐   **7** ensoleillé   ☐

   3 des inondations   ☐   **8** de grosses pluies   ☐

   4 la sècheresse   ☐   **9** le gel   ☐

   5 l'absence de nuages   ☐ **10** le tonnerre   ☐

3 Complétez les phrases avec un mot de la liste.

mauvais	vent	chaud
brouillard	pleut	neige

   1 Dans le sud de la France, il fait .... en été.

   2 Quand il y a du ...., on ne voit pas le paysage.

   3 Mince, je n'ai pas de parapluie et il .... !

   4 J'habite en Malaysie et il ne .... jamais ici.

   5 S'il fait .... demain, je ne vais pas aller à la plage.

   6 Dans l'ouest, il y a du .... C'est idéal pour faire du surf.

4 Reliez les débuts (1 à 6) et les fins (A à F) de phrases.

1 Il faut qu'on admette ☐
2 Le fait qu'il n'y ☐
3 Le changement climatique a ☐
4 Certaines iles ☐
5 Nous jouons tous ☐
6 Il faut qu'on réussisse ☐

A risquent d'être complètement submergées.

B ait plus de saisons dans certains pays est choquant.

C à protéger l'environnement.

D que le climat est en train de changer.

E un rôle important dans les changements climatiques.

F des conséquences graves.

5 Complétez les phrases avec une des expressions de la liste.

il	il y a	il fait	il y a des	il y a du

1 Oh là, qu'.............. fait chaud aujourd'hui !

2 En hiver, ... mauvais.

3 Là où j'habite, ... souvent du vent.

4 On dit qu'.............. pleut tout le temps en Bretagne.

5 .... orages, donc je reste chez moi.

6 Nous allons à la plage car .... soleil.

7 Faites attention parce qu'.............. brouillard.

8 J'espère qu'.............. ne va pas geler ce soir.

6 Mettez le verbe entre parenthèses dans la bonne forme du présent ou du futur.

1 Si on ne protège pas l'environnement, il y .... des conséquences graves. (avoir)

2 S'il y a du vent, il .... froid. (faire)

3 Si le temps ne .... pas, on restera à la maison. (s'améliorer)

4 S'il y a du brouillard, il .... mieux ne pas conduire. (valoir)

5 S'il fait beau, vous .... à la plage ? (aller)

6 Si on n'.............. pas, le niveau de la mer continuera de monter. (agir)

7 Cochez (✓) les expressions qui sont suivies du subjonctif.

1 J'espère que... ☐
2 Il faut que... ☐
3 Je pense que... ☐
4 Je ne crois pas que... ☐

5 Il se peut que... ☐
6 Il me semble que... ☐
7 Bien que... ☐
8 Il est essentiel que... ☐

8a Complétez les phrases avec le subjonctif du verbe entre parenthèses.

1 Je ne pense pas que le temps .... aujourd'hui. (s'améliorer)

2 Je ne crois pas qu'il .... ce soir. (geler)

3 Il se peut que le temps .... demain. (changer)

4 Il est essentiel que nous .... des solutions à ces problèmes. (trouver)

5 Il est possible qu'on .... de passer nos vacances à la mer. (choisir)

6 Il faut que nous .... le plus vite possible. (agir)

b Sur une feuille a part, traduisez les phrases de l'exercice **a** dans votre langue.

9a Vrai ou faux ? Écrivez *V* ou *F* dans les cases.

1 S'il pleut trop, il risque d'y avoir des inondations. ☐

2 Si on entend le tonnerre, c'est qu'un orage approche. ☐

3 S'il neige, c'est à cause de la fonte des glaces. ☐

4 Les incendies de forêts sont une conséquence de la sècheresse. ☐

5 L'homme n'est pas responsable des changements climatiques. ☐

6 Si on prend l'avion, on contribue au problème du changement climatique. ☐

b Sur une feuille à part, traduisez les phrases de l'exercice **a** dans votre langue.

10 Mettez les mots dans l'ordre pour former des phrases correctes.

1 pleut Malheureusement, il ici souvent.

....

2 dans Il chaud à située fait grande Sénégal. une l'ouest du ville Dakar,

....

3 nuages. il Demain, beau un avec fera ciel clair, sans

....

4 Cette y aura il de pluies nuit. grosses

....

5 resterai y de moi. l'orage, je S'il a chez

....

6 crois aider pas que les gens Je fassent assez ne l'environnement. pour

....

7 est solutions. essentiel qu'on Il des trouve

....

8 agisse faut qu'on Il s'empire pour que la pas. situation ne

....

11a Écrivez une phrase par saison sur le temps qu'il fait dans le nord de votre pays. Utilisez les mots donnés.

Exemple : Au printemps, il fait souvent beau.

1 beau : ....

2 mauvais : ....

3 nuageux : ....

4 froid : ....

b Faites le même exercice pour le sud de votre pays.

1 vent : ....

2 chaud : ....

3 pleut : ....

4 soleil : ....

12 Sur une feuille à part, écrivez six phrases qui mentionnent les conséquences des changements climatiques dans votre pays. Utilisez *si* + le présent + le futur ainsi que des phrases au subjonctif.

3.6 Finding the way

1 Lisez ces directions. Puis, sur une feuille à part, illustrez-les.

1 Prenez la première rue à gauche.

2 Prenez la deuxième à droite.

3 Aux feux, allez tout droit.

4 Au rond-point, prenez la troisième à gauche.

5 Tournez à gauche puis à droite.

6 Tournez à droite au rond-point puis, au carrefour, tournez à gauche.

2 Trouvez dans la grille dix mots qui concernent les directions qu'on donne et dix autres mots qui sont des destinations.

A	Q	U	A	R	I	U	M	X	U	E	F
E	T	N	O	P	C	H	A	T	E	A	U
T	O	U	R	N	E	R	G	M	H	I	P
I	U	G	O	H	S	P	A	U	C	R	I
O	T	A	U	P	T	O	S	S	U	E	S
R	D	R	T	T	A	C	I	E	A	U	C
D	R	E	I	E	T	H	N	E	G	N	I
L	O	P	E	L	I	E	S	L	O	I	N
E	I	A	R	S	O	S	E	R	P	T	E
T	T	R	A	V	E	R	S	E	R	N	M
O	N	C	T	N	I	O	P	D	N	O	R
H	O	P	I	T	A	L	A	R	V	C	E

....

....

....

....

....

....

....

....

....

....

3 Reliez les débuts (1 à 8) et les fins (A à H) de phrases.

1 Excusez-moi, pour aller ☐

2 Continuez tout droit et ☐

3 Pour aller au cinéma, ☐

4 Pour aller aux ☐

5 Au rond-point, prenez ☐

6 Après les feux, tournez ☐

7 Faites cent ☐

8 Au prochain ☐

A tournez à gauche aux feux et continuez tout droit.

B la première sortie.

C au stade, s'il vous plaît ?

D carrefour, prenez à gauche.

E magasins les plus proches, s'il vous plaît ?

F à droite.

G c'est en face de vous.

H mètres et vous y êtes.

4 Complétez les phrases en ajoutant *à la*, *à l'*, *au* ou *aux*.

1 Pour aller .... château, s'il vous plaît ?

2 Pour aller .... hôpital, s'il vous plaît ?

3 Pour aller .... piscine, s'il vous plaît ?

4 Pour aller .... gare, s'il vous plaît ?

5 Pour aller .... halles, s'il vous plaît ?

6 Pour aller .... bibliothèque, s'il vous plaît ?

7 Pour aller .... magasins les plus proches, s'il vous plaît ?

8 Pour aller .... bureau de poste, s'il vous plaît ?

5 Choisissez la bonne option chaque fois pour compléter les phrases.

1 Excusez-moi, où **se trouve / se trouve-t-elle / se trouvent** la librairie, s'il vous plaît ?

2 Excusez-moi, les magasins, où **se trouve-il / se trouvent-elles / se trouvent-ils**, s'il vous plaît ?

3 Savez-vous où **se trouve / se trouvent / se trouve-t-il** le grand parc, s'il vous plaît ?

4 La piscine, où **se trouve / se trouve-t-elle / se trouve-t-il**, s'il vous plaît ?

5 Je cherche les plages, où **se trouvent / se trouvent-ils / se trouvent-elles**, s'il vous plaît ?

6 L'office de tourisme **se trouve / se trouve-t-elle / se trouve-t-il** dans cette rue ?

7 La boulangerie la plus proche, s'il vous plaît, elle **se trouve / se trouve-t-elle / se trouvent** où ?

8 L'aquarium, où **se trouve / se trouvent-ils / se trouve-t-il**, s'il vous plaît ?

6a Complétez chaque phrase avec *cela*, *celui-ci*, *celui-là*, *celle-ci* ou *celle-là*.

1 – La plus belle église de notre ville est ....

– L'église Notre-Dame ?

– Non, ce n'est pas .... C'est l'église Saint-Florent.

2 Je peux vous montrer les endroits à visiter si .... vous intéresse. Par exemple, on a deux musées différents : un musée de peintures et un musée romain. Lequel vous intéresse? ....

ou .... ?

3 – Tu vois ce magasin là-bas ?

– Lequel ?

– .... , sur ta gauche.

b Traduisez les phrases de l'exercice **a** dans votre langue.

7a Mettez les mots dans l'ordre pour former des phrases correctes.

1 à à droite au puis Tournez prenez la carrefour première gauche.

....

2 droit, en tout face vous de Continuez c'est.

....

3 à rond-point deuxième au et prenez la à gauche Tournez droite.

....

4 et tournez Tournez aux feux, encore à à gauche gauche.

....

5 encore Au carrefour, tournez à Quand vous arrivez au tournez à droite. droite rond-point,

....

6 rond-point, puis sortie première prenez la la rue à gauche prenez Au

....

7 jusqu'aux cents Faites vous feux. Continuez deux et y êtes. mètres

....

8 prenez prochain gauche, à Au carrefour.

....

b Traduisez les phrases de l'exercice **a** dans votre langue.

....

....

....

....

....

....

....

8 Chacun de ces touristes cherche un endroit spécifique. Quelles questions vont-ils poser pour savoir comment y arriver ?

Exemple : Je dois prendre le train. – Où se trouve la gare, s'il vous plaît ?

1 Je dois prendre le bus. ....

2 Je veux changer de l'argent. ....

3 Je dois aller chercher des médicaments. ....

4 Il me faut du pain. ....

5 Je voudrais des renseignements sur la ville. ....

6 J'ai besoin de timbres. ....

7 J'aimerais acheter un gâteau. ....

8 Je dois prendre l'avion. ....

9 Décrivez en détails le trajet que vous devez faire...

1 pour venir au collège. ....

....

2 pour aller de chez vous à la maison de votre meilleur(e) ami(e). ....

....

3 pour aller au centre-ville. ....

....

3.7 Travel and transport

1a Trouvez 12 moyens de transport dans la grille. Pouvez-vous ajouter d'autres moyens de transport à la liste ?

X	A	Z	U	V	I	O	W	A	H	Q	O	K	N
H	T	P	V	L	X	G	T	X	U	S	M	K	X
I	O	D	R	O	L	T	U	E	N	V	G	M	B
B	U	S	I	P	I	M	T	R	O	I	I	H	B
N	E	L	L	S	L	T	R	A	I	N	P	A	O
N	M	V	L	K	E	A	U	L	M	L	M	Z	X
I	O	H	M	L	S	E	R	R	T	D	B	C	A
G	A	U	Y	A	O	B	A	T	E	A	U	A	U
A	M	B	V	F	X	C	U	I	S	O	T	M	V
F	O	V	Y	V	I	H	P	S	I	B	P	I	J
M	T	E	M	L	V	X	V	D	O	E	T	O	V
U	O	T	B	K	U	F	M	K	G	X	G	N	E
C	A	M	I	O	N	N	E	T	T	E	N	M	L
T	V	T	P	T	I	I	X	V	M	E	T	R	O

....

....

....

....

....

....

....

....

....

....

....

....

b Remplissez les blancs avec un moyen de transport de l'exercice **a**. La première lettre vous est donnée chaque fois.

1 Quand on va en France, on y va en b.............. ou en t.............. .

2 Pour protéger l'environnement, mes amis et moi allons au collège à p.............. .

3 J'habite à Paris, donc je prends régulièrement le m.............. pour me déplacer.

4 Se déplacer en v.............. est pratique, mais mauvais pour l'environnement.

5 Mon frère préfère aller chez son meilleur ami à v.............. .

6 J'essaie d'utiliser les transports en commun donc j'y vais en b.............. .

7 Comme mon père est routier, il voyage tout le temps en c.............. .

8 Ma sœur vient d'avoir quatorze ans et va partout à m.............. .

c Traduisez les phrases de l'exercice **b** dans votre langue.

2 Lisez les définitions et choisissez le bon mot de la liste.

le bus	le métro	les transports en commun	le tramway
la voiture	la marche à pied	le vélo	le taxi

1 Pour vous déplacer facilement dans une grande ville, utilisez ceux-ci : ....

2 Vous servir de celle-ci en ville n'est pas pratique et est aussi polluant : ....

3 Utiliser ce moyen de transport peut coûter cher mais c'est pratique si vous avez fait beaucoup d'achats : ....

4 Beaucoup de Parisiens aiment l'utiliser mais c'est parfois bondé : ....

5 On trouve de plus en plus de ce moyen de transport peu bruyant au centre des grandes villes : ....

6 Ce moyen de transport vous permet d'admirer des monuments mais c'est parfois sale et bondé : ....

7 Ceux qui veulent rester en bonne forme tout en se déplaçant peuvent faire ceci : ....

8 De nombreuses personnes s'en servent pour éviter les embouteillages et c'est plus rapide que la marche à pied : ....

3 Complétez les phrases avec *à* ou *en*.

1 On peut y aller .... pied.

2 Moi, je préfère y aller .... voiture. C'est plus rapide.

3 S'il pleut, on ira là-bas .... car.

4 S'il fait beau, on ira au parc .... vélo.

5 Ici, le plus facile, c'est de se déplacer .... métro.

6 On peut aussi y aller .... moto, il n'y a pas trop de trafic à cette heure-ci !

7 Mon frère est routier et voyage tout le temps .... camion.

8 La dernière fois qu'on a pris des vacances à l'étranger on y est allés .... avion.

9 Nous, nous sommes allés à la Martinique .... bateau. C'était super !

10 J'aime bien aller en ville .... scooter. Je peux me garer où je veux !

4 Complétez les phrases avec la bonne forme du verbe *venir de / d'*.

1 Ils .... rentrer de vacances. Ils se sont bien amusés.

2 Je .... arriver au collège en car de ramassage scolaire. C'était rapide.

3 Il .... finir ses devoirs. Il n'aime pas ça !

4 Vous .... prendre le métro.

5 Tu .... te garer au parking souterrain, non ?

6 Nous .... prendre le bus. On va retrouver nos copines en ville.

5 Traduisez les six phrases de l'exercice précédent dans votre langue.

....

....

....

....

6 Trouvez les huit erreurs dans le texte et corrigez-les.

L'année dernière, je suis allé en France à bateau avec ma famille. On avait l'intention de faire un tour de France en vélo. On venait arriver en France quand il a commencé à pleuvoir des cordes. Quelle horreur ! Personne ne voulait se déplacer à vélo. On a donc décidé de prendre en train pour le camping. On vient d'arriver à la gare quand on nous a annoncé qu'il n'y avait plus de trains ce jour-là. On a donc dû y aller sur le bus. Le lendemain, il pleuvait toujours, donc on est allés en ville à bus. Cependant, le bus venaient seulement de partir quand il est tombé en panne. Quel désastre. Finalement, on s'est servis des vélos !

7a Reliez les débuts (1 à 6) et les fins (A à F) de phrase.

1 Je venais de monter sur mon vélo ☐

2 Maman, je viens ☐

3 Le bus ☐

4 Nous venions de faire les courses, ☐

5 Il vient d'arriver en ☐

6 Ils viennent de construire ☐

A de prendre le train, tu peux venir me chercher à la gare ?

B un réseau de tramway dans notre ville.

C donc nous sommes rentrés en taxi.

D quand il a commencé à pleuvoir.

E venait de partir. J'ai dû attendre le prochain.

F voiture. Qu'elle est belle, sa nouvelle voiture !

....

b Traduisez les phrases complètes dans votre langue.

....

....

....

....

....

....

8a Mettez les mots dans l'ordre pour former des phrases correctes.

1 déplace Elle plus souvent se en qu'à pied. voiture

....

2 bus. collège, 15 à de J'habite donc kilomètres mon j'y vais en

....

3 centre-ville, il en Au souvent difficile est de voiture. circuler

....

4 bondé tramway pointe. être Le à l'heure peut de

....

5 viennent ceux le Pour une de faire leurs qui courses, taxi idéale. solution est

....

6 représentent transports ville. commun Les en une façon en de se idéale déplacer

....

7 souvent me Je en voiture déplace car pratique. c'est confortable et

....

8 beaucoup ce Contrairement sont que à nombreux. bus pensent de les gens, de arrêts

....

b Traduisez les phrases correctes de l'exercice **a** dans votre langue.

....

....

....

....

....

....

....

....

9 Écrivez une fin à chacune de ces phrases.

Exemple : Je vais au collège en car parce que j'habite à 3 kilomètres.

1 Je vais au collège en car parce que ....

2 Ça prend environ ....

3 C'est mieux que d'y aller à pied parce que ....

4 Mes copains préfèrent y aller à pied parce que ....

5 Moi, pour rester en forme, je ....

6 Pour être en bonne santé, il faut ....

7 Ma mère prend sa voiture pour faire les courses au supermarché parce que ....

8 Elle ne prend pas de taxi parce que ....

4.1 French schools

1 Remettez les classes et les examens dans le bon ordre chronologique.

quatrième	sixième	troisième
le brevet des collèges	baccalauréat	cinquième
seconde	première	terminale

....

....

....

2 Soulignez les erreurs et corrigez-les. Écrivez la phrase corrigée.

1 Les élèves vont au lycée quand ils entrent en troisième.

....

2 Le brevet des collèges se passe à la fin de la quatrième.

....

3 On appelle les élèves des lycées des collégiens.

....

4 L'école primaire est pour les élèves de onze à quinze ans.

....

5 Pour devenir électricien, il est préférable d'aller dans un lycée général.

....

6 Le collège est un établissement scolaire qui éduque les élèves de quinze à dix-huit ans.

....

3 Reliez les débuts (1 à 8) et les fins de phrases (A à H).

1 On lève la main ☐   **A** le soir, à la maison.

2 On fait la connaissance de nouveaux amis ☐   **B** à la rentrée des classes.

3 On parle avec ses copains et on se défoule ☐   **C** s'adapter à une nouvelle école.

4 On fait ses devoirs ☐   **D** il faut travailler dur.

5 Pour réussir ses examens, ☐   **E** pendant la récréation.

6 Certains élèves ont du mal à ☐   **F** pour répondre aux questions du prof.

4 Complétez chaque phrase avec le nombre ordinal entre parenthèses écrit en toutes lettres.

1 Il finit toujours en .... place. (2e)

2 C'est la .... fois qu'il prend le bus pour aller à l'école. (1re)

3 Ma sœur rentre en .... (4e)

4 Notre collège fête son .... anniversaire. (18e)

5 Sur une feuille à part, mettez les phrases à la forme négative en utilisant les mots entre parenthèses.

Exemple : 1 Les profs ne font rien pour m'aider.

1 Les profs font beaucoup pour m'aider. (rien)

2 Quand l'institutrice est entrée, les élèves faisaient du bruit. (plus)

3 Je me lève de bonne heure pendant les grandes vacances. (jamais)

4 En hiver, il y a toujours beaucoup de monde dans la grande cour. (jamais, personne)

5 Toutes les matières l'intéressent. (aucune)

6 Dans mon collège, il y a beaucoup de clubs. (pas)

6 Choisissez le(s) bon(s) pronom(s) possessif(s) dans chaque phrase.

1 C'est vrai que ton école est beaucoup plus grande que **le mien / la mienne / les miennes**. **Le tien / La tienne / Les tiennes** est énorme !

2 Nos profs sont gentils alors que **la sienne / les siens / les siennes** sont stricts.

3 J'ai fini mes devoirs. Vous avez fini **le vôtre / la vôtre / les vôtres**, les filles ?

4 Mes parents trouvent mes profs peu sévères ; **le leur / la leur / les leurs** étaient plus stricts.

5 Ses notes sont aussi bonnes que **le nôtre / la nôtre / les nôtres**.

6 Ce stylo, c'est **le tien / la tienne / les tiens** ou bien **le mien / la mienne / les miens**?

7 Complétez les phrases avec le bon verbe de la liste à la forme correcte de l'imparfait.

commencer	**être**	**faire**
aimer	**manger**	**devoir**
passer	**rentrer**	**mettre**

1 Je .... des heures à faire mes devoirs quand j'.............. au lycée.

2 Vous .... vous lever tôt pour aller au collège ?

3 Tes cours .... à quelle heure ?

4 Mes amis .... toujours à la cantine à midi. Moi, je .... à la maison.

5 Ma sœur ne .... jamais ses devoirs. Cela .... mes parents en colère.

6 Tu .... l'école ?

8a Complétez le texte avec le bon mot ou le verbe entre parenthèses à l'imparfait.

Exemple : 1 adorais

mienne	école primaire	collège	récréation	miens	maitres	jamais

J' **(1)** .... *(adorer)* l'école primaire. La **(2)** .... se **(3)** .... *(trouver)* près de chez moi donc je **(4)** .... *(pouvoir)* y aller à pied. Votre école **(5)** .... *(se situer)* plus loin, je pense. Les maitres de mon frère **(6)** .... *(être)* plus stricts que les **(7)** .... En fait, il **(8)** .... *(détester)* tous ses **(9)** .... et toutes ses maitresses et me **(10)** .... *(dire)* « Tu as de la chance. » Pendant la **(11)** ...., mes amis et moi **(12)** .... *(jouer)* toujours dans la grande cour à midi, et nous **(13)** .... *(manger)* à la cantine. Nous n' **(14)** .... *(avoir)* **(15)** .... trop de devoirs donc, le soir, je **(16)** .... *(se reposer)*. Certains de mes amis **(17)** .... *(dire)* toujours qu'ils **(18)** .... *(avoir)* hâte d'aller au **(19)** ...., mais pas moi ; je **(20)** .... *(préférer)* l'école primaire. Et vous ? Que **(21)** .... *(penser)*-vous de l' **(22)** .... ?

b Sur une feuille à part, traduisez la version complète du texte dans votre langue.

9 Écrivez dix phrases pour parler de quand vous étiez à l'école primaire.

Exemple : J'allais à Haydon Primary qui est une école primaire tout près de chez moi.

Mentionnez :

1 le nom de l'école et où elle se trouvait :

....

2 comment vous y alliez :

....

3 comment étaient vos maitres / maitresses :

....

4 vos heures de cours :

....

5 ce que vous appreniez :

....

6 la cantine :

....

7 vos ami(e)s :

....

8 la récréation :

....

9 les devoirs :

....

10 si vous en avez gardé de bons souvenirs :

....

4.2 Further education and training

1 Choisissez un bon conseil (A à H) pour chaque jeune qui parle (1 à 6). Écrivez la bonne lettre dans chaque case.

1 Je voudrais être plombier. ☐

2 Mon ambition est d'être institutrice. ☐

3 L'hôtellerie, ça me plairait bien. ☐

4 Je veux être traductrice. ☐

5 Je n'ai pas la moindre idée de ce que je voudrais faire comme métier. ☐

6 Je veux arrêter l'école à seize ans. ☐

A Le bac professionnel vous donnera accès à plusieurs métiers dans cette industrie.

B Allez dans un lycée professionnel où vous apprendrez la plomberie.

C Parlez-en à vos parents, à vos professeurs, et prenez rendez-vous avec le conseiller d'orientation.

D Je vous conseille de préparer un bac général. L'enseignement est un très bon choix !

E Concentrez-vous sur les langues et choisissez un bac général.

F Passez au moins votre brevet. Ne soyez pas sans diplômes !

2 Choisissez le bon mot pour compléter chaque phrase.

dentiste	supérieures	professionnel	général

1 Il faut faire des études .... pour devenir enseignant.

2 Le bac .... est la meilleure option pour quelqu'un qui veut devenir électricien.

3 Un bac .... vous permet de suivre des études supérieures.

4 Avoir son bac est essentiel pour une personne désirant devenir ....

3 Qui veut continuer ses études ? Cochez (✓) les bonnes cases si c'est le cas.

1 Je ne sais pas si je pourrais faire deux années de fac. ☐

2 Les grandes écoles, c'est bien, mais ça peut couter un prix fou ! ☐

3 Je vais m'inscrire à la fac le mois prochain. ☐

4 Sans ce diplôme universitaire, je ne pourrai pas faire ce que je veux. ☐

5 Moi, les études, j'en ai assez. J'ai envie de gagner de l'argent. ☐

6 Cinq ans d'études pour devenir dentiste, c'est beaucoup, mais je n'ai pas le choix ! ☐

4 Complétez les phrases avec la forme disjointe du pronom approprié.

1 ...., elle veut être ingénieure plus tard.

2 J'ai choisi ma voie ....-même, sans l'aide de mes profs.

3 C'est à ...., les filles, de choisir votre université !

4 Elle est beaucoup plus sportive que .... Je suis plutôt artistique.

5 J'ai eu de bons profs. Sans ...., j'aurais raté mon bac.

6 Ces filles sont très mal organisées ! Ce sont toujours .... qui arrivent en retard.

7 « Qui pense arrêter ses études pendant un an ? » a demandé le prof.

« .... ! » ma copine et moi avons-nous répondu.

8 Et .... ? Qu'est-ce que tu veux faire plus tard ?

5 Complétez les phrases avec le bon verbe de la liste au conditionnel.

aller	avoir	aimer
être	préférer	pouvoir

1 J'............... travailler à l'étranger.

2 S'il était plus doué pour les études, il .... à la fac.

3 Si vous travailliez plus, vous .... de meilleures notes.

4 Nous .... voyager avant d'aller à la fac si nous avions plus d'argent.

5 Elles .... très contentes s'il pouvait venir.

6 Tu .... faire une licence de géographie ou de sciences ?

6a Réécrivez chaque phrase en ajoutant la forme disjointe du pronom approprié.

Exemple : 1 Nous, nous avons l'intention de prendre une année sabbatique.

1 Ma sœur et moi avons l'intention de **prendre une année sabbatique**.

....

2 Ma mère est allée à la fac alors que mon père **a fait un apprentissage pour devenir mécanicien**.

....

3 Tes copains et toi allez voyager à l'étranger avant de **poursuivre vos études** ?

....

4 Ils ne savent pas quoi faire **après le lycée**.

....

5 Je suis à la fac alors que tu **es toujours en terminale**.

....

6 Quant aux études, elles sont très longues **et plutôt difficiles**.

....

b Réécrivez les phrases encore une fois en changeant les mots en **gras**.

Exemple : 1 Nous, nous avons l'intention de poursuivre nos études.

....

....

....

....

....

....

c Sur une feuille à part, traduisez vos phrases de l'exercice **b** dans votre langue.

d Écrivez six phrases sur les études en utilisant des formes disjointes du pronom.

Exemple : Moi, je veux aller à l'université pour étudier l'histoire, mais toi, tu veux étudier les lettres classiques.

....

....

....

....

....

....

7a Dans la grille, trouvez les dix mots de la liste.

APPRENTISSAGE	CONCOURS	GAGNER	MASTER	TRAVAIL
BACHELIER	FORMATION	LICENCE	POURSUIVRE	UNIVERSITAIRE

O	P	L	G	P	Q	C	E	B	Q	Z	L	E	A
B	E	C	X	N	A	E	G	E	T	I	P	N	P
O	A	K	K	I	E	R	H	O	Q	Y	X	N	P
C	I	C	V	P	Q	R	P	S	N	Q	N	P	R
W	A	Y	H	C	O	N	C	O	U	R	S	H	E
U	N	I	V	E	R	S	I	T	A	I	R	E	N
P	C	B	U	T	L	T	L	E	R	C	R	J	T
E	T	R	A	V	A	I	L	G	A	L	H	G	I
E	I	L	V	M	I	E	E	S	G	R	S	P	S
P	O	U	R	S	U	I	V	R	E	S	C	O	S
N	L	O	E	L	I	C	E	N	C	E	R	V	A
N	F	A	R	A	O	E	G	E	I	S	T	R	G
I	E	G	A	P	M	A	S	T	E	R	A	I	E
I	N	R	O	R	G	E	N	R	I	Q	P	S	N

b Sur une feuille à part, faites des phrases au conditionnel en utilisant les mots de la grille.

8 Trouvez les dix erreurs dans le texte. Corrigez-les.

J'aimais suivre des études supérieures tout de suite, mais mes profs, luî, m'ont conseillé de voyagerait d'abord. C'est peut-être une bonne idée parce que si j'allais à l'université sans prendre une année sabbatique, je ne pourrai pas découvrir d'autres pays ou rencontrerais des personnes intéressantes. Ma mère et mon père, elles, penseraient aussi que c'est une bonne idée. Ils disent que si plus de gens voyageaient, ils aurait l'esprit plus ouvert ! Ma cousine, lui, est partie en Afrique et je voudrait faire pareil.

4.3 Future career plans

1 Anagrammes. De quel métier parle-t-on ?

1 Il vend des médicaments. RACE HIM NAP ....

2 Elle fait le pain. ANGEL BOURE ....

3 Il enseigne à l'école primaire. TUTER IN SUIT ....

4 Elle écrit des articles pour un magazine. SLAIN OUR JET ....

5 Elle travaille pour comprendre des données. ANY SLATE ....

6 Il est sculpteur. C'est un STAR TIE ....

7 Il fait des opérations à l'hôpital. CURING HIRE ....

8 Elle coupe les cheveux de ses clients. USE ICE OFF ....

2 Écrivez une profession de la liste pour chacun de ces étudiants (1 à 8).

technicien du son	animatrice	médecin	chercheur
créatrice de sites Web	mécanicienne	vétérinaire	cuisinier

1 Moi, je suis patiente et j'adore les enfants. ....

2 Il est passionné d'animaux. ....

3 Mon ambition, c'est d'aider ceux qui sont malades. ....

4 Les voitures m'ont toujours fascinée. ....

5 Je suis forte en technologie et plutôt créative. ....

6 J'aime préparer des repas. ....

7 J'aimerais travailler pour trouver des remèdes. ....

8 J'adore la musique, mais je ne veux pas devenir chanteur. ....

3 Est-ce un avantage (*A*) ou un inconvénient (*I*) ? Écrivez la bonne lettre dans chaque case.

1 Dans mon métier, je fais la même chose tous les jours. ☐

2 On peut faire du télétravail quand on veut. ☐

3 Ça donne l'occasion de voyager et de rencontrer des gens sympas. ☐

4 À mon avis, le salaire n'est pas suffisant. ☐

5 On a la chance de bénéficier des vacances scolaires. ☐

6 On commence tôt le matin et on finit tard le soir. ☐

7 Il n'y a pas à se plaindre. C'est pas mal payé. ☐

8 En faisant ce métier, on a un bon équilibre vie-travail. ☐

4a Mettez les mots dans le bon ordre pour former des phrases négatives au passé composé.

1 conseiller n'ai appris Je parlant d'orientation au rien en. ....

2 l'entretien Elle pas n'aurait dû passer. ....

3 n'est il Personne et tard arrivé est. ....

4 n'a réponse Elle aucune reçu. ....

b Mettez les phrases au passé composé. ....

1 Mes amis et moi ne voulons ni voyager ni aller à l'université. ....

2 Elle ne parle guère. ....

3 Il ne s'en rend pas compte. ....

4 Elle ne les voit que deux fois par an. ....

5a Soulignez les phrases qui sont au conditionnel passé. ....

1 J'aurais aimé travailler comme consultant en développement durable, mais je n'ai pas trouvé de poste.

2 Nous ferions du télétravail si nous avions le choix.

3 Tu aurais dû être scientifique.

4 Vous seriez parti à l'étranger si vous aviez eu plus d'argent ?

5 Est-ce qu'il viendrait ?

6 Elle se serait renseignée un peu plus mais elle voulait vite commencer à travailler.

b Traduisez les phrases de l'exercice **a** dans votre langue.

....

....

....

....

....

Dans la grille, trouvez 15 professions et écrivez-les.

S	C	I	E	N	T	I	F	I	Q	U	E
I	E	C	I	R	T	A	M	I	N	A	P
N	L	T	A	C	O	V	A	I	T	E	H
T	B	E	I	R	U	E	S	N	A	D	O
E	A	U	D	E	T	O	I	G	O	A	T
R	T	R	A	D	U	C	T	E	U	R	O
P	P	A	C	T	E	U	R	N	S	E	G
R	M	I	S	I	U	R	O	I	B	I	R
E	O	P	E	I	N	T	R	E	N	C	A
T	C	H	E	R	C	H	E	U	R	I	P
E	C	H	A	N	T	E	U	R	O	P	H
A	R	C	H	E	O	L	O	G	U	E	E

....

....

....

....

....

....

....

....

....

....

....

....

....

b Sur une feuille à part, faites des phrases en utilisant les mots de la grille, les structures négatives de cette Unité et le conditionnel passé.

7a Soulignez les mots qui indiquent la profession que ces personnes auraient aimé faire.

Exemple : 1 chauffeur de camion

1 J'aurais aimé être chauffeur de camion dans les régions arctiques.

2 Ce qui m'aurait plu, c'est de devenir artiste-peintre.

3 Mon ambition était de devenir avocate.

4 Comme je suis douée en langues, j'aurais voulu être interprète.

5 Mon métier idéal aurait été d'être entraineuse d'une équipe de foot professionnelle.

6 La technologie, c'est ma passion. Je regrette de ne pas avoir pu être programmeur ou créateur de sites internet.

7 Être ingénieur, c'est bien, mais j'aurais préféré devenir astronaute.

8 Moi, je suis prof de langues, mais j'aurais aimé être traductrice.

b Traduisez les phrases de l'exercice **a** qui contiennent le conditionnel passé dans votre langue.

....

....

....

....

....

8 Répondez aux questions en faisant des phrases complètes. Essayez d'utiliser toutes les formes négatives de l'Unité 4.3.

Exemple : J'adore la musique, mais je n'aimerais être ni chanteuse ni compositrice. Je préférerais…

1 Qu'est-ce que vous aimeriez faire et qu'est-ce que vous n'aimeriez pas faire comme métier et pourquoi / pourquoi pas ?

....

....

2 Quels diplômes faut-il avoir et quels diplômes ne sont pas nécessaires ?

....

....

3 Quelles sont les qualités personnelles nécessaires et qu'est-ce qui n'est pas nécessaire pour réussir dans ce métier ?

....

....

4 Si vous deviez choisir entre un métier qui rapporte beaucoup d'argent et un métier qui est particulièrement intéressant, lequel choisiriez-vous et pourquoi ?

....

....

5 Qu'est-ce que vous pensez du métier de vos parents ?

....

....

6 Aimeriez-vous travailler depuis la maison ? Pourquoi (pas) ?

....

....

9 Traduisez le texte dans votre langue.

Ma grand-mère n'a jamais vraiment fait de métier parce qu'elle n'a pas poursuivi ses études et a décidé de rester à la maison pour s'occuper de ses enfants. Quand ils sont allés au collège, elle travaillait à mi-temps dans le café tout près de sa maison. Elle n'était pas mécontente, mais si elle était née plus tard, je pense qu'elle serait certainement allée à la fac et qu'elle aurait fait un métier super intéressant. Elle a toujours été vraiment curieuse, donc elle aurait peut-être travaillé dans le domaine scientifique, comme chercheuse, par exemple. Ou bien elle aurait pu aider l'environnement car elle adore faire du jardinage. Ceci dit, il est vrai qu'elle n'est forte ni en technologie ni en langues donc elle aurait trouvé ça difficile.

....

....

....

....

....

....

....

4.4 Employment

1 Remettez ces phrases dans l'ordre chronologique.

Ordre chronologique : 3,

1 J'ai six semaines de vacances devant moi. ....

2 Après les vacances, je vais poursuivre mes études. ....

3 J'ai fini mes examens la semaine dernière. ....

4 Avec l'argent que j'aurai gagné, j'aimerais prendre une semaine de vacances avec mes copains. ....

5 Demain, je vais chercher un petit boulot. ....

6 J'espère trouver un emploi bien payé pour quatre semaines. ....

7 Je commencerai des études de médecine. ....

8 En septembre, j'irai à l'université. ....

2 Cochez (✓) les cases pour les personnes qui vont prendre une année sabbatique.

1 Moi, j'arrête les études pendant un an. ☐

2 J'ai trop besoin d'argent. Mes études attendront ! ☐

3 Je ne crois pas qu'interrompre mes études soit une bonne idée. ☐

4 C'est vrai que c'est une expérience positive, mais je n'en ai pas les moyens. ☐

5 C'est une occasion à ne pas manquer pour voyager et voir le monde. ☐

6 Je trouve ça super comme idée. ☐

7 Mes parents préfèrent que je commence mes études universitaires le plus tôt possible. ☐

8 C'est une expérience unique. Ce serait dommage de ne pas en profiter ! ☐

3 Complétez les phrases avec une expression de temps de la liste.

en	depuis	avant	il y a	pendant	dès qu'

1 ...., le télétravail n'était pas aussi populaire.

2 Il faut travailler .... on arrive le matin.

3 Je fais ce boulot .... un mois maintenant.

4 Je cherchais toujours un poste .... six mois.

5 Chaque jour, on doit travailler .... cinq heures.

6 Elle a gagné beaucoup d'argent .... seulement un an.

4 Écrivez ces années en lettres.

1 2035 ....

2 1999 ....

3 1890 ....

4 2016 ....

5 2023 ....

6 2060 ....

5a Reliez les débuts (1 à 6) et les fins (A à F) de phrases.

1 Quand j'aurai 90 ans, ☐

2 Quand mes enfants ☐

3 Elle fera le tour du monde ☐

4 Quand je les contacterai,
ils me ☐

5 Quand tu ☐

6 Quand je ☐

A commenceras à travailler, l'IA sera encore plus répandue.

B donneront des renseignements.

C le monde sera différent.

D trouverai un travail, j'économiserai de l'argent.

E quand elle aura fini ses études.

F seront plus âgés, il y aura de nouveaux métiers intéressants.

b Traduisez les phrases complètes de l'exercice **a** dans votre langue.

....

....

....

....

....

....

6 Mettez les mots dans le bon ordre pour faire des phrases.

1 un amis Mes et moi appris avons beaucoup en an.

....

2 ma que verrai Dès je annonce une poserai intéressante, je candidature.

....

3 m'auront des quand Je renseignements. ils vous dirai le envoyé

....

4 six sœur en Ma Asie depuis voyage mois.

....

5   il envoyé lettre a dix ma de J'ai y jours. motivation

....

6   pour C'est mais mal ce payé pas longtemps. n'est

....

7   Complétez ces phrases pour parler de votre vie après les études.

   1   Quand j'aurai réussi mes examens,... ....

   ....

   2   Quand je serai rentré(e) de mon année sabbatique,... ....

   ....

   3   Quand je verrai une annonce intéressante,... ....

   ....

   4   Quand je recevrai mon premier salaire,... ....

   ....

   5   En 2030, j'espère... ....

   ....

   6   En 2060,... ....

   ....

8a   Complétez les textes avec le bon mot ou la bonne forme du verbe entre parenthèses.

   1   Quand tu a_ _a_ *(avoir)* ton b_ c _ _ _ _ _ _ _ _t, qu'est-ce que tu feras ?

   J'espère trouver un e_p_ _ _ bien payé p_u_ six semaines avant de v_ _ _ _e_ *(voyager)* en Afrique.

   2   Tu veux prendre une a_n_ _ s_b_ _ _ _ _ _ e ?

   Moi, j'aimerais bien voyager, mais quand j'a_r_ _ *(avoir)* gagné un peu d'argent.

   3   Quand c_ _ _ _ _ _ _ _ _ s-tu *(commencer)* tes études u_i_ _r_ _t_ _ _e_ ?

   Après les vacances, j'i_a_ *(aller)* à l'université pour é_ _ _ _ _ r *(étudier)* la médecine.

   4   Tu vas chercher un job d'été ?

   Quand je v_r_ _ _ *(voir)* une annonce intéressante, je p_ _ _r_ _ *(poser)* ma c_ _d_ _ _t_ _ _.

5 Le télétravail t'intéresse ?

Oui, peut-être, mais q _ _ _d je s_r _ _ *(être)* un peu plus âgé.

6 Quels sont les avantages d'une année sabbatique ?

Après une année sabbatique, on a souvent l'esprit plus o_v_ _t parce qu'on _ _ _ *(pouvoir)* rencontrer beaucoup de p_r _ _ _ _s intéressantes et découvrir d'autres c_ _t_ _ _s. On peut même apprendre d'autres l_ _g_ _s.

b Sur une feuille à part, traduisez les questions et les réponses de l'exercice **a** dans votre langue.

c Sur une feuille à part, écrivez d'autres réponses aux questions 1 à 6 de l'exercice **a.**

4.5 Communication and technology at work

1 Anagrammes. Les différents aspects de la technologie et de la communication.

1 AIMEL : E..........

2 FÉNCECONRTÉÉL : T..........

3 TELLINIGNECE IFARTELLEICI : I.......... A..........

4 BATETLET : T..........

5 DIVÉOFNÉRECCON : V.......... C..........

6 TRUERAINOD : O..........

7 MORETHANSP : S..........

8 TAPRAGER : P..........

2 Complétez les phrases avec le bon mot ou la bonne expression de la liste.

tombé en panne	**télétravail**	**d'éteindre**	**se connecter**
centralisés	**mot de passe**	**virtuelles**	**service informatique**

1 Il ne marche plus. Il est ....

2 Pour accéder à Internet, il faut ....

3 Pour pouvoir se connecter en toute sécurité, on doit avoir un ....

4 Tous les documents sont ....

5 Si vous avez besoin d'aide, contactez le ....

6 Les réunions sont souvent ....

7 Avant de vous coucher, n'oubliez pas .... tous vos appareils.

8 Maintenant qu'on a tant de technologie, on peut facilement faire du ....

3 Imaginez une fin à chacune de ces phrases.

Un(e) bon(ne) candidat(e) à un entretien d'embauche…

1 est à l'heure pour son entretien et se présente. Il / Elle dit, par exemple, ...

....

2 sait que si l'entretien est à distance, il faut ....

....

3 parle de ses centres d'intérêt. Il / Elle dit, par exemple, ...

....

4 Sur une feuille à part, écrivez les heures en lettres en utilisant le format 12 heures (1 à 3) et écrivez les heures en lettres en utilisant le format 24 heures (4 à 6).

Exemples : 1 Je commence à travailler à huit heures et demie. 4 Elle va arriver à quatorze heures.

1 Je commence à travailler à 8 h 30.

2 Il travaille parfois jusqu'à 21 h 45.

3 La réunion commence à 15 h 15.

4 Elle va arriver à deux heures de l'après-midi.

5 La présentation, c'est à quatre heures moins le quart.

6 Tu viens ce soir ? Le film commence à sept heures et demie.

5 Reliez les débuts (1 à 6) et les fins (A à F) de phrases pour former des phrases complètes.

1 Si j'arrive en retard pour la téléconférence, ☐

2 Il a dit que l'e-mail ☐

3 Si vous trouvez un métier bien payé, ☐

4 Si tu ne l'envoies pas cet après-midi, ☐

5 Avant, elle travaillait au bureau, ☐

6 Je parlais aux collègues sénégalais en ligne ☐

A n'était pas clair.

B tu devras l'envoyer demain.

C mais maintenant, elle travaille depuis la maison.

D mes collègues ne vont pas être contents.

E quand mon portable a sonné.

F vous allez avoir assez d'argent pour acheter une belle maison.

6 Sur une feuille à part, écrivez une question pour chaque réponse en utilisant *est-ce que*, puis une question en utilisant l'inversion.

1 Oui, mais je pense que travailler au bureau de temps en temps est important aussi.

2 Non, mais je vais l'envoyer cet après-midi.

3 Oui, ils sont disponibles à 14 h 00.

4 Elle aura lieu dans la salle de réunion.

7 Complétez les phrases avec *avoir* ou *être* et faites l'accord du participe passé si nécessaire.

1 Après .... envoyé... un e-mail, je leur ai parlé en ligne.

2 Après s'.............. décidé... à travailler à leur compte, elles ont fondé une petite entreprise en ligne.

3 Après .... rentré... d'Asie, il s'est mis à chercher un emploi.

4 Après .... lu... son texto, nous avons répondu à ses questions.

8a Complétez le texte avec les bons mots ou expressions de la liste.

être	réservé	téléconférence	virtuellement
qu'est-ce que	en ligne	l'IA	avoir
présentation	eu	aurait	qu'

Vous avez une **(1)** .... très importante à donner demain, mais vous ne l'avez pas encore préparée ? **(2)** .... vous allez faire ? Qu'est-ce que vous allez dire ? Après **(3)** .... paniqué, et vous **(4)** .... demandé pourquoi vous n'êtes pas plus organisé, vous pouvez vous calmer : **(5)** .... peut vous aider à écrire votre présentation. Vous ne vous en êtes jamais servi ? Aucun problème ! Il suffit de trouver une appli **(6)** .... Et vous n'avez même plus besoin d'imprimer les documents. Vous pouvez simplement les partager en ligne. C'est beaucoup plus facile et plus écologique, non ? **(7)** .... allez-vous faire s'il y a des collègues d'une autre région ou d'un autre pays qui ne peuvent pas venir ? Après avoir **(8)** .... une salle de réunion, vous n'avez qu'à organiser une **(9)** .... Comme ça, ceux qui ne sont pas là pourront vous rejoindre **(10)** .... Si on avait **(11)** .... cette technologie plus tôt, la vie **(12)** .... été beaucoup plus facile !

b Traduisez le paragraphe de l'exercice **a** dans votre langue sur une feuille à part.

9 Faites des phrases en utilisant les mots de la liste et le point de grammaire entre parenthèses.

Exemple : 1 Après avoir organisé la réunion, elle a partagé tous les documents nécessaires en ligne.

1 réunion, partager, documents (après avoir / être) ....

....

2 arriver, en retard, se concentrer (après avoir / être) ....

....

3 envoyer, renseignements (l'interrogatif) ....

....

4 réunion, lieu, 14 h 45 (l'heure) ....

....

5 poste, entreprise (l'interrogatif) ....

....

6 se décider, maison, acheter, ordinateur (après avoir / être) ....

....

7 si, fournir, smartphone, ordinateur, télétravail (la concordance des temps) ....

....

8 si, partir, tôt, soir, je, contente (la concordance des temps) ....

....

10 Votre tante a un entretien d'embauche ! Aidez-la à répondre aux questions suivantes. Utilisez *après avoir / être* et la concordance des temps dans vos réponses.

1 Pourquoi voulez-vous ce poste d'analyste ? ....

....

2 Quelles sont les qualités qui font de vous la meilleure candidate ? ....

....

5.1 International travel

1 Lisez les huit définitions et complétez chaque mot. Il manque les voyelles (*a, e, i, o, u*).

    1 une personne qui prend le train : v_y_g_ _r

    2 vite : r_p_d_m_n t

    3 ticket : b_l l_t

    4 celui qui conduit : c h_ _f f_ _r

    5 une manière de payer : c_r t_ d_ cr_d_t

    6 mauvaise pour l'environnement : p_l l_t_ _n

    7 haut : _l_v_

    8 là où le train arrive : q_ _ _

2 De quoi parlent ces passagers ? Écrivez le bon mot ou la bonne expression de la liste.

la durée du voyage	**la ponctualité**	**l'heure de départ**	**le prix**
la vitesse	**l'heure d'arrivée**	**la destination**	**s'il faut changer de train**

    1 Il a dix minutes de retard. ....

    2 Le trajet prend trois heures. ....

    3 Un aller-retour pour Marseille, s'il vous plaît. ....

    4 Il peut atteindre quatre cents kilomètres à l'heure. ....

    5 En deuxième classe, ça coute quatre-vingts dollars. ....

    6 Le train part à vingt heures dix. ....

    7 Il arrive à Marseille à quelle heure, exactement ? ....

    8 C'est un train direct ? ....

3 Complétez les mots avec les bonnes lettres. La première lettre de chaque mot vous est donnée.

    1 Le séjour et les trois repas quotidiens sont compris. C'est la p_ _ _ _ _ _ c_ _ _ _ _ _ _ _.

    2 C'est quelque chose dont on se souviendra toujours. C'est i _ _ _ _ _ _ _ _ _ _.

    3 Comme il y a trop de circulation, il y a des e_ _ _ _ _ _ _ _ _ _ _ _.

    4 Il faut visiter tout ce qu'il y a à voir et ne rien m_ _ _ _ _ _.

    5 Vous pourrez tout voir parce que vous serez assis à côté d'une f_ _ _ _ _ _.

    6 À partir de l'aéroport Charles de Gaulle, il y a trois heures de v_ _.

    7 C'est le m_ _ _ _ de transport idéal.

4 Traduisez ces phrases à l'imparfait dans votre langue.

1 Avant, nous prenions l'avion sans même penser à l'environnement.

....

2 Quand j'habitais à Paris, je prenais le TGV pour voyager vers le sud de la France.

....

3 Il y a cent ans, moins de gens voyageaient en avion.

....

4 Mes grands-parents préféraient voyager en bateau plutôt qu'en avion.

....

5 Réécrivez ces phrases à l'imparfait.

1 On met longtemps pour y aller parce qu'on s'y rend en voiture.

....

2 Il y a plus d'émissions de carbone à cause des embouteillages.

....

3 Chaque année, nous devons y aller en avion car c'est plus pratique.

....

4 En Inde, les trains sont souvent bondés.

....

6a Cochez (✓) les phrases écrites à la voix passive.

1 Malheureusement, le train a été annulé. ☐

2 Ils m'ont envoyé les billets par e-mail. ☐

3 Les lumières ont été éteintes avant l'atterrissage. ☐

4 On leur a dit d'attendre devant la gare. ☐

5 Le voyage a été organisé en ligne. ☐

6 Vous serez surement bien accueillis en arrivant à l'hôtel. ☐

b Sur une feuille à part, traduisez toutes les phrases dans votre langue.

7 *Cet exercice représente un défi pour élargir vos connaissances du français. Le programme Cambridge IGCSE™ et IGCSE (9–1) French n'inclut pas l'usage actif de la voix passive.*

Réécrivez ces phrases à la voix passive.

1 L'agence de voyage a réservé les billets.

....

2 Le personnel de l'hôtel va préparer tous les repas.

....

3 Vos guides vous expliqueront tout.

....

4 L'année dernière, les passagers ont tous apprécié la croisière.

....

8a Reliez les débuts (1 à 6) et les fins de phrases (A à H).

1 Quand j'étais plus jeune, je voyageais régulièrement ☐

A l'avion même si ça coutait plus cher que le train.

2 Toutes les excursions ont été ☐

B bien apprécié par les touristes.

3 Le musée va être ☐

C produites par les voitures, donc maintenant nous prenons le train.

4 Nous prenions toujours ☐

D en Inde pour rendre visite à mes grands-parents.

5 Des émissions de carbone sont ☐

E jours en pension complète. Quel luxe !

6 Je vais passer quinze ☐

F organisées par le personnel de l'hôtel.

b Trouvez les phrases de l'exercice **a** qui sont à la voix passive et réécrivez-les à la voix active.

....

....

....

c Traduisez toutes les phrases de l'exercice **a** dans votre langue.

....

....

....

....

....

9 Écrivez dix phrases pour dire comment on voyageait il y a cinquante ans par rapport à aujourd'hui. Vous pouvez utiliser les mots de la liste.

l'avion	l'environnement	le portable
le bateau	la pollution	le bureau de change
la voiture	cher	le voyage
le car	les billets	longtemps
le train	en ligne	vite
les embouteillages	l'agence de voyages	

....

....

....

....

....

....

....

....

....

5.2 Weather on holiday

1 Complétez les mots qui manquent. La première lettre vous est donnée.

1 Il y a des éclairs. Il va y avoir de l'o_ _ _ _.

2 Il fait moins dix ce matin. Il fait très f_ _ _ _.

3 Il y a des nuages noirs. Il va p_ _ _ _ _ _ _, je crois.

4 La température est de trente-cinq degrés. Il fait trop c_ _ _ _.

5 Il fait beau aujourd'hui. Il y a du s_ _ _ _ _.

6 Ce matin, il gèle et il y a des nuages. J'ai peur qu'il n_ _ _ _.

7 Il y a du vent et il pleut. Il fait m_ _ _ _ _ _.

8 En automne, les matinées sont f_ _ _ _ _ _ _.

2 Reliez les débuts (1 à 8) et les fins de phrases (A à H).

1	Il fait trop froid	☐	**A**	ont annoncé de la pluie.
2	Comme il a beaucoup neigé, on	☐	**B**	pour sortir.
3	S'il fait chaud cet après-midi, on	☐	**C**	être une belle journée.
4	Il y a beaucoup de nuages ; ils	☐	**D**	faire de la voile aujourd'hui.
5	Le mauvais temps approche. Il va	☐	**E**	peut faire du ski.
6	Il y a trop de vent pour	☐	**F**	est mieux chez soi.
7	Avec le brouillard qu'il y a, on	☐	**G**	y avoir un orage.
8	Quel soleil ! Ça va	☐	**H**	va aller à la plage.

3 Complétez chaque phrase avec le bon mot ou la bonne expression de la liste.

blessés	**dangereuses**	**d'inondations**
des coups de soleil	**réduire**	**incendies**

1 À cause de la sécheresse, il y a quelquefois des ....

2 Lorsqu'il pleut trop longtemps, il y a des risques ....

3 En été, s'il fait très chaud, on peut attraper ....

4 Le mauvais temps a été la cause d'un accident de voiture. Le chauffeur de la voiture et son passager ont été ....

5 Lorsqu'il a neigé, les routes sont ....

6 Quand il y a beaucoup de vent, il est important de .... sa vitesse.

4a Soulignez tous les verbes qui sont au plus-que-parfait.

1 J'avais déjà vu les inondations dont ils parlaient.

2 Hier, il a neigé donc on a fait du ski.

3 On ne savait pas s'il allait faire beau aujourd'hui.

4 Elle n'avait jamais vu de neige avant de venir en France.

5 J'allais leur donner un parapluie mais ils étaient déjà partis.

6 Avec la canicule, le risque d'incendies est présent.

7 Tu n'étais jamais allé en Inde en été ? Il y faisait une chaleur extrême, non ?

8 J'étais déjà sorti quand il a commencé à pleuvoir.

b Sur une feuille à part, traduisez les phrases de l'exercice **a** dans votre langue.

5a Complétez les phrases avec la bonne forme du verbe *avoir* ou *être* à l'imparfait pour faire les phrases au plus-que-parfait.

1 Personne n'.................... pu sortir.

2 En entendant le tonnerre, j'.................... eu peur.

3 Nous .... espéré faire de la voile, mais il y avait trop de vent.

4 Tu .... venue ici en pensant pouvoir te baigner tous les jours.

5 Vous n'.................... jamais visité Paris en automne ?

6 On s'.................... demandé s'il allait pleuvoir ou non.

b Écrivez deux phrases de plus au plus-que-parfait au sujet de la météo.

....

....

6 Reliez les débuts (1 à 6) et les fins de phrases (A à F).

1 J'avais espéré faire de la planche à voile ☐

2 Tu avais ☐

3 Les feux de forêt ☐

4 Elle s'était ☐

5 On avait cru qu' ☐

6 Ses enfants étaient déjà ☐

A décidée à y aller au printemps quand il faisait moins chaud.

B avaient été un grand problème cette année-là.

C mais il n'y avait pas de vent.

D partis à la plage quand il s'est mis à pleuvoir.

E il y aurait des inondations, mais ce n'était pas le cas.

F pensé qu'il y aurait plus de neige ?

7a Complétez le texte avec les noms et les verbes de la liste.

pluies	était	basses
allés	avait	cyclones
chaud	allée	

Khalid **(1)** .... pensé visiter l'ile Maurice en janvier. Il savait que c'était un endroit très pittoresque car ses parents y étaient déjà **(2)** .... cinq ans plus tôt. Cependant, ses amis l'avaient prévenu qu'il **(3)** s'.......... mal renseigné et qu'en janvier et février, il y avait de fortes **(4)** .... et que l'ile connaissait même des **(5)** .... venant de l'océan Indien. Une de ses amies qui y était **(6)** .... l'année précédente lui avait dit qu'il vaudrait mieux s'y rendre en octobre quand il y faisait **(7)** ...., ou en avril ou mai s'il préférait les températures un peu plus **(8)** ....

b Traduisez le texte de l'exercice **a** dans votre langue.

....

....

....

....

....

....

8a Dans la grille, trouvez les quinze mots de la liste.

BROUILLARD	FROID	NUAGES	TONNERRE
CHALEUR	INCENDIE	ORAGE	TOURISTE
CHAUD	INONDATIONS	PLUIES	VENT
CLIMAT	NEIGE	SOLEIL	

O	R	F	U	L	A	U	I	C	E	N	C	G	U
V	C	B	U	P	U	L	J	C	G	S	R	E	E
G	E	N	Y	L	C	O	B	W	N	I	T	F	W
C	T	V	L	U	H	O	R	O	E	S	A	B	N
C	H	V	X	I	A	C	I	A	I	O	C	R	W
N	U	A	G	E	S	T	L	R	G	L	E	O	O
J	V	C	U	S	A	I	U	T	E	E	I	U	E
C	A	E	X	D	J	O	D	I	E	I	J	I	L
E	C	F	N	A	T	I	D	T	Z	L	V	L	C
O	I	O	C	T	O	N	N	E	R	R	E	L	C
U	N	U	O	R	E	Y	P	D	O	R	L	A	I
I	X	L	F	C	W	C	H	A	L	E	U	R	L
U	C	O	N	A	G	L	E	O	U	T	O	D	U
C	L	I	M	A	T	I	N	A	T	I	W	I	T

b Sur une feuille à part, faites des phrases au plus-que parfait en utilisant les mots de la grille.

9 Trouvez les huit erreurs dans le texte. Corrigez-les.

L'année dernière, ma famille et moi ont passé des vacances désastreuses en Provence, nous. J'avais toujours voulue voir des chevaux blancs et des flamants. Nous nous étions préparé à la chaleur, nous avions organisés des promenades à vélo et en bateau, et nous avions rêvé de journées à la plage. Cependant, personne ne nous avions parlé du mistral. Nous savions qu'il y a peut-être un peu de vent, mais nous n'avions pas penser qu'il y en aurait autant. En plus, il a plu des cordes presque tous les jours ! Il était quasiment impossible de faire du vélo ou de sortir en bateau, et je n'ai vu ni chevaux ni flamants. Alors, en fin de compte, nous n'avions pas passé les vacances dont nous avions rêvé !

5.3 Festivals and faiths

1 Reliez les jours de fête (1 à 6) à leurs définitions (A à F).

1 C'est le jour où nous fêtons la date de notre naissance. ☐	**A**	la fête des Mères
2 On fête les 13 ans d'un jeune Juif, l'âge de sa majorité. ☐	**B**	Pâques
3 C'est une fête annuelle en l'honneur des mamans. ☐	**C**	l'anniversaire
4 C'est toujours le vingt-cinq décembre. ☐	**D**	Noël
5 Ça se fête à la fin du Ramadan. ☐	**E**	Bar Mitzvah
6 C'est le jour de la résurrection du Christ. ☐	**F**	Aïd-al-fitr

2 Mettez les mots dans le bon ordre pour former des phrases. Puis traduisez les phrases dans votre langue.

1 dinde la mange de on à Noël. ....

2 partage délicieux on repas des. ....

3 cadeaux échange des on. ....

4 chocolat des on œufs reçoit en. ....

5 lumières de remplies maisons les sont. ....

6 de il spectacles y toutes a sortes. ....

7 messe on de va minuit la à. ....

8 jours festivités quatre les durent. ....

3 Vrai ou faux ? Écrivez *V* ou *F* dans les cases.

1 En France, il est possible de 'se pacser'. ☐

2 En France, si on souhaite se marier, il faut absolument le faire à la mairie. ☐

3 En France, une cérémonie religieuse est une option, pas une obligation légale. ☐

4 Selon la religion hindoue, les parents doivent choisir la femme que leur fils va épouser. ☐

5 En France, les femmes ne changent pas toujours de nom de famille quand elles se marient. ☐

6 Une femme hindoue porte une belle robe blanche le jour de son mariage. ☐

4 Complétez les phrases avec une préposition de la liste.

à	devant	pour	contre	avec
jusqu'au	à	au	chez	pendant

1 On va se retrouver .... l'église .... 13 h 00.

2 Je vais .... la mosquée .... la prière.

3 Nous prions le matin .... beaucoup d'autres personnes.

4 Ma tante et mon oncle viennent toujours .... nous le jour de Noël et restent ....
plusieurs jours.

5 J'aimerais vraiment aller .... Canada à Noël et y rester .... jour de l'an.

6 On fête la victoire d'un petit groupe de Juifs .... l'armée grecque.

5 Complétez les phrases avec le comparatif de l'adverbe entre parenthèses.

Exemple : 1 moins fréquemment

1 Ma mère voyage .... que ma tante qui fête souvent Pâques à l'étranger. (fréquemment)

2 Elle attend le weekend .... que d'habitude car elle va fêter son anniversaire.
(impatiemment)

3 J'aime .... célébrer le Nouvel An avec mes amis qu'avec ma famille car je m'amuse
toujours bien avec mes potes. (bien)

4 Ma sœur part en Inde .... que moi pour fêter Diwali; moi, je préfère rester ici. (souvent)

5 Nous fêtons la Saint-Valentin .... que nos amis car c'est trop commercial, à notre
avis. (volontiers)

6 On le célèbre .... que les Juifs fêtent Hanoucca parce que comme eux, nous sommes
fiers de notre culture ! (joyeusement)

6 Pour 1 à 4, écrivez des phrases comparatives avec les éléments fournis. Pour 5 à 6, écrivez des phrases
en mettant les mots entre parenthèses au superlatif. Chaque fois, il y a plusieurs possibilités.

Exemple : 1 Il fête son anniversaire plus / moins / aussi joyeusement que sa sœur.

1 Il fête son anniversaire | joyeusement | sa sœur.

....

2 Nous voyons notre tante | fréquemment | à Noël | avant.

....

3 Les festivités durent | longtemps | dans d'autres pays.

....

4 À Noël, on mange | bien | à Pâques.

....

5 C'est Jo qui célèbre .... le mariage de ses parents. (beaucoup)

....

6 Je suis d'accord : c'est Fatima qui danse .... (bien)

....

7a Traduisez le texte dans votre langue.

Je suis hindou et il y a des fêtes hindoues que ma famille et moi fêtons aussi joyeusement que les Juifs fêtent Hanoucca ou les Chrétiens, Noël, par exemple. Je dirais que la célébration que j'aime le plus, c'est Diwali que je fête avec toute ma famille et nos amis pendant cinq jours. Le plus souvent, on va dans le village de mes grands-parents en Inde pour les célébrations, ce qui est génial. Sans eux, ce ne serait pas aussi amusant. Je l'aime mieux que toutes les autres fêtes parce qu'il y a tellement de lumières, de spectacles et de feux d'artifice ! C'est vraiment fantastique !

....

....

....

....

....

....

b Adaptez le texte pour parler de votre fête préférée.

....

....

....

....

....

....

8 Écrivez dix phrases pour comparer les fêtes dans votre pays à celles d'un autre pays. Si vous voulez, vous pouvez utiliser les mots de la liste.

la Bar Mitzvah	la fête	Noël
les bijoux	s'habiller	Pâques
la cérémonie	le henné	les prières
coloré(e)	laïc / laïque	le temple
couter cher	le mariage	traditionnel(le)
l'église	la messe	vêtu(e)
l'époux / épouse	la mosquée	Diwali

....

....

....

....

....

....

....

....

....

....

....

....

....

....

5.4 International menus

1 Les ingrédients. Dans chaque case, écrivez *V* (viandes), *P* (poissons), *F* (fruits), *L* (légumes) et / ou *É* (épices). Utilisez un dictionnaire si nécessaire.

1 les sardines ☐	**6** le saumon ☐	**11** de l'agneau ☐	**16** des tomates ☐
2 la dinde ☐	**7** un abricot ☐	**12** des pruneaux ☐	**17** du poivre ☐
3 le curry ☐	**8** le cumin ☐	**13** une truite ☐	**18** un citron ☐
4 le sel ☐	**9** des courgettes ☐	**14** des saucisses ☐	**19** du safran ☐
5 le poulet ☐	**10** un poivron ☐	**15** du gingembre ☐	**20** un ognon ☐

2 Donnez deux exemples de chacun de ces aliments.

1 une épice ....

2 un plat végétarien ....

3 un légume ....

4 un fruit ....

5 un poisson ....

6 une viande ....

7 un dessert ....

8 une boisson ....

3 De quels pays sont-ils originaires ? Écrivez le bon pays choisi dans la liste.

le Maroc	la Suisse	l'Espagne	l'Angleterre
l'Italie	le Japon	la France	la Thaïlande

1 On a une réputation mondiale pour la pizza et aussi pour nos pâtes. ....

2 Une de nos spécialités culinaires est la paella. ....

3 On est bien connus pour savoir apprécier le cassoulet ou bien la bouillabaisse. ....

4 Ne quittez pas notre pays sans avoir gouté à notre curry vert de poulet ! ....

5 Quand vous aurez mangé une fondue au fromage, vous voudrez en reprendre. ....

6 Chez nous, on se sert de baguettes pour manger. ....

7 Le poisson-frites, c'est notre plat national. ....

8 Le couscous fait partie de notre cuisine traditionnelle. C'est délicieux. ....

4 Soulignez les pronoms indéfinis dans chaque phrase.

1 La plupart de mes amis adorent cuisiner, mais quelques-uns détestent ça.

2 Beaucoup pensent que la cuisine française est délicieuse.

3 Ils sont tous venus au restaurant, mais certains d'entre eux n'ont pas aimé les plats.

4 N'importe qui peut préparer ce plat. C'est facile !

5 Des carottes ? Oui, il y en a quelques-unes dans le frigo.

6 Il en reste plusieurs.

5 Reliez les débuts (1 à 6) et les fins de phrases (A à F).

1 Heureusement, il va ☐   **A** assez à manger ?

2 N'importe qui ☐   **B** d'autres ne l'aiment pas.

3 Est-ce qu'il y a ☐   **C** tout préparer.

4 Certains adorent la cuisine indienne ; ☐   **D** gouté le dessert.

5 Il y en a beaucoup qui n'ont même pas ☐   **E** quelque chose de différent aujourd'hui.

6 On a fait ☐   **F** peut cuisiner.

6 Choisissez la bonne forme de chaque adjectif indéfini.

1 Prends **quelques / quelque** minutes pour te préparer.

2 **Tout / Tous / Toutes / Toute** mes amies sont de très bonnes cuisinières.

3 Nous avons une **telle / tel / tels / telles** chance de pouvoir manger des produits frais tous les jours !

4 Ici, les restaurants ne sont pas **tous / tout / toutes / toute** les **mêmes / même**.

5 **Certaines / Certain / Certaine / Certains** personnes sont déjà ici. Les **autre / autres** vont bientôt arriver.

6 Elle mange la **même / mêmes** chose **tout / tous / toutes / toute** les jours.

7a Choisissez un plat intéressant à cuisiner. Faites la liste des ingrédients. Puis écrivez six phrases pour décrire la méthode de préparation. Utilisez des pronoms et des adjectifs indéfinis.

Exemple : Ajoutez quelques feuilles de curry.

Les ingrédients

....

....

....

La méthode

....

....

....

....

....

....

b Complétez le texte avec les mots de la liste.

autres	bonnes	telle	plats
curry	chaque	mêmes	légumes
tous	moules	spécialités	autres
certaines	plupart	certains	

Ma tante a beaucoup voyagé et m'a parlé de **(1)** .... des plats qu'elle a mangés. Elle a eu une **(2)** .... chance d'avoir gouté tant de **(3)** .... délicieux comme le **(4)** .... vert de poulet en Thaïlande et les **(5)** ....-frites en Belgique. **(6)** .... pays a des **(7)** .... différentes et, selon ma tante, **(8)** .... sont très bonnes et d'**(9)** .... moins **(10)** .... Il me semble qu'elle aime la **(11)** .... des fruits et des **(12)** .... et qu'elle adore le poisson. Moi, j'ai l'impression de manger les **(13)** .... plats **(14)** .... les jours donc j'aimerais bien gouter ceux d'**(15)** .... pays.

8a Mettez les mots dans le bon ordre pour former des phrases.

1 connaissent Beaucoup mes de amis japonaise. ne pas la cuisine

....

2 cuisine Certains que la française disent est parmi les meilleures du monde.

....

3 préfèrent la ne africaine sont d'accord pas et D'autres cuisine ou asiatique.

....

4 que je vais fois au Chaque pizza. restaurant italien, prends je une

....

5 Le incroyable. enthousiasme ! cuisinier un tel C'est a

....

6 plats tous les sont Ici bons.

....

7 des de curry ; que il Ajoutez n'en feuilles faut quelques-unes.

....

8 Certaines trop n'aiment les plats personnes épicés. pas

....

b Traduisez les phrases de l'exercice **a** dans votre langue.

....

....

....

....

....

....

....

....

....

5.5 Environmental problems

1 Cochez (✓) la case des éléments qui contribuent à la pollution de l'air.

1 les voitures ☐	**6** les voitures électriques ☐
2 les usines ☐	**7** les transports en commun ☐
3 les zones industrielles ☐	**8** les vélos ☐
4 les centres de recyclage ☐	**9** le bruit ☐
5 les avions ☐	**10** les embouteillages ☐

2 Est-ce que ces solutions aux problèmes de l'environnement sont une bonne idée (*B*) ou une mauvaise idée (*M*) ? Écrivez *B* ou *M* dans chaque case.

1 Il faut limiter le nombre de véhicules dans les grandes villes. ☐

2 On doit opter pour les transports en commun. ☐

3 Il ne faut pas recycler les ordures ménagères. ☐

4 On doit limiter au maximum son utilisation du plastique. ☐

5 Si le trajet est un peu long, le mieux est de prendre sa voiture. ☐

6 Si on veut de l'eau propre, il ne faut pas jeter de déchets dans les rivières. ☐

7 On devrait réduire le prix des places de parking. ☐

8 Il faut empêcher les voitures qui roulent au diesel d'entrer en ville. ☐

3 Lisez les définitions pour trouver les anagrammes.

1 Les gaz produits par les véhicules. MISS SONIE ....

2 Un gaz polluant. BAR QUIZ ON CAGE ....

3 Ce qu'on jette. CHESTED ....

4 L'eau en sort. ONE BRIT ....

5 Ce qui ne peut pas être détruit. BLIND SITE TRUCE ....

6 Une source d'énergie renouvelable. ION LEE ....

7 Une autre source d'énergie renouvelable. LOSE AIR ....

8 Remplaçable. ARE NOVEL BLUE ....

4 Traduisez les phrases suivantes dans votre langue.

1 Je recycle tout ce que je peux depuis des années, mais mes voisins ne font pas pareil.

....

2 Ces problèmes environnementaux existent depuis longtemps.

....

3 Il y a des éoliennes dans la région depuis cinq ans.

....

4 Mon copain n'avait pas de voiture depuis deux ans mais a dû en acheter une.

....

5 Le problème de la pollution existait depuis des années.

....

6 On demandait des pistes cyclables depuis dix ans quand finalement, ils en ont construit.

....

5 Faites des phrases au présent avec *depuis* en utilisant les éléments fournis.

Exemple : 1 Ils se déplacent à vélo depuis un an.

1 Ils | se déplacer | à vélo | un an.

....

2 On | encourager | les jeunes | recycler | leur enfance.

....

3 Nous | attendre | le bus | une demi-heure.

....

4 Vous | avoir | panneaux solaires | combien de temps ?

....

5 Je | ne plus prendre | l'avion | 3 ans.

....

6 Les transports en commun | être | plus fréquent | quelque temps.

....

6 Les verbes suivants sont-ils suivis de *à* + infinitif ou de *de* + infinitif ? Mettez chaque verbe dans la bonne catégorie.

aider	continuer	inviter	refuser
apprendre	décider	offrir	réussir
cesser	essayer	oublier	s'amuser
commencer	finir	permettre	se mettre

de	à

Photocopying prohibited   *Cambridge IGCSE™ French Grammar and Vocabulary Workbook*

7a Complétez les phrases avec les bons mots de la liste. Certains peuvent être utilisés plus d'une fois.

à	améliorer	jeter	polluer
de	recycler	prendre	laisser
d'	se déplacer	réduire	

1 Les autorités ont décidé .... des mesures d'urgence.

2 On conseille aux gens .... à pied ou à vélo.

3 Si possible, il faut .... sa voiture chez soi.

4 Les usines doivent tout faire pour ne pas .... l'atmosphère.

5 Il est important .... la qualité de l'air que l'on respire.

6 Nous devons .... notre utilisation de sacs en plastique.

7 Il ne faut pas .... vos déchets par terre.

8 Il est essentiel .... tout ce qu'on peut.

b Traduisez les phrases de l'exercice **a** dans votre langue.

....

....

....

....

....

....

8 Faites dix phrases en utilisant ces mots et ces verbes suivis d'une préposition et d'un infinitif.

Exemple : Pensez au covoiturage car c'est une façon idéale de réduire les émissions de gaz carbonique.

le plastique	le covoiturage	décider de
les voitures électriques	les tests d'émissions	demander de
les zones industrielles	les usines	aider à
les déchets	commencer à	encourager à
les énergies renouvelables	recommander de	penser à
les émissions	continuer à	
le gaz carbonique	promettre de	

....

....

....

....

....

....

....

....

....

9 Écrivez cinq phrases en utilisant *depuis* + le présent pour dire ce que vous faites pour protéger l'environnement.

Exemple : Je recycle toutes mes bouteilles en verre ou en plastique depuis cinq ans.

....

....

....

....

....